Os arquitetos da ordem anárquica

FUNDAÇÃO EDITORA DA UNESP

Presidente do Conselho Curador
Mário Sérgio Vasconcelos

Diretor-Presidente
José Castilho Marques Neto

Editor-Executivo
Jézio Hernani Bomfim Gutierre

Assessor Editorial
João Luís Ceccantini

Conselho Editorial Acadêmico
Alberto Tsuyoshi Ikeda
Áureo Busetto
Célia Aparecida Ferreira Tolentino
Eda Maria Góes
Elisabete Maniglia
Elisabeth Criscuolo Urbinati
Ildeberto Muniz de Almeida
Maria de Lourdes Ortiz Gandini Baldan
Nilson Ghirardello
Vicente Pleitez

Editores-Assistentes
Anderson Nobara
Fabiana Mioto
Jorge Pereira Filho

Patrizia Piozzi

Os arquitetos da ordem anárquica

De Rousseau a Proudhon e Bakunin

© 2003 Editora UNESP

Direitos de publicação reservados à:
Praça da Sé, 108
01001-900 – São Paulo – SP
Tel.: (0xx11) 3242-7171
Fax: (0xx11) 3242-7172
www.editoraunesp.com.br
www.livrariaunesp.com.br
feu@editora.unesp.br

CIP-Brasil. Catalogação na fonte
Sindicato Nacional dos Editores de Livros, RJ

P647a

Piozzi, Patrizia
    Os arquitetos da ordem anárquica: de Rousseau a Prodhon e Bakunin / Patrizia Piozzi. – São Paulo: Editora UNESP, 2006.

    ISBN 85-7139-651-5

    1. Rousseau, Jean-Jacques, 1712-1778.   2. Proudhon, P. J. (Pierre-Joseph), 1809-1865.   3. Bakunin, Mikhail Aleksandrovitch, 1814-1876. 4. Ciência política - Filosofia.   5. Cultura popular - Filosofia.   6. Anarquismo e anarquistas.   I. Título.

06-1368.   CDD 320.01
                                                                                       CDU 32(01)

Editora afiliada:

Asociación de Editoriales Universitarias
de América Latina y el Caribe

Associação Brasileira de
Editoras Universitárias

*A mio padre, Enrico Piozzi, che ha lasciato
ai suoi figli il ricordo indelebile di una
esistenza vissuta con mitezza e coraggio,
unendo all'irriverenza davanti ai potenti
l'umiltà di chi sà ridere di se stesso.
Con immensa nostalgia.*

*A Maria Sylvia, maestra e amica, il mio
grazie per tutto ciò che ho ricevuto dalla
libertà del suo pensiero e dalla generosità del
suo cuore. Con affetto e gratitudine.*

Agradecimentos

Este trabalho, apresentado como tese de doutorado em 1992, e retomado mais recentemente para ser transformado em livro, me acompanhou durante vários anos, ao longo dos quais tive a colaboração de pessoas e instituições. Seria impossível, neste espaço, citar cada nome e encontrar palavras adequadas para expressar minha gratidão a todos os amigos, colegas, alunos, funcionários que dividiram comigo as alegrias e os fardos de um percurso descontínuo e às vezes difícil, tornando-o mais suave. Por isso, o que segue são apenas destaques de uma "lista" que continuará sempre viva dentro de mim.

Em primeiro lugar, à minha orientadora, Maria Sylvia Carvalho Franco, que acompanhou meu trabalho com muita dedicação e paciência, unindo ao grande rigor teórico o respeito pelas divergências. Aos professores da banca examinadora, Maria Helena Capellato, Francisco Foot, Milton Nascimento, Pedro Goergen, pela generosidade com minhas falhas e pela beleza de suas leituras, que abriram caminhos para a retomada do trabalho; uma lembrança especial ao Foot, responsável por meu primeiro encontro com os anarquistas e por suscitar, ao ler seu livro *Nem Pátria nem Patrão*, a paixão pela temática tratada neste estudo. Ao meu professor de filosofia do Liceu Arnaldo da Brescia, Mario Cassa, o primeiro a despertar em mim o desejo de um mundo mais justo e feliz e a narrar os caminhos já percorridos nesta busca "demasiadamente humana".

Ao Jézio Hernani, que deu inestimável contribuição para a investigação e a redação da tese, debatendo ideias, sugerindo caminhos, revisando cada texto e me estimulando nos momentos de desânimo. Com carinho e gratidão. À Maria Teresa Zambonin: sua ajuda intelectual e técnica e sua assistência calorosa e contínua foram de grande apoio, sobretudo nos momentos em que o trabalho parecia mais árduo e solitário. À Iná Camargo Costa e à Isabel Maria Loureiro, pela cuidadosa revisão do texto e das traduções e por sua solidariedade amiga. Ao Reginaldo Corrêa de Moraes e ao Roberto Romano, que sempre se dispuseram a conversar comigo, dando sugestões e ideias preciosas para o desenvolvimento da pesquisa. Aos colegas do Decisae, da Faculdade de Educação da Unicamp, pela paciência com que suportaram as minhas ausências no período "brabo" da redação final.

Aos funcionários da biblioteca da Universidade de Cambridge, onde pude colher referências bibliográficas e documentais para o desenvolvimento da pesquisa. À Coordenação de Aperfeiçoamento de Pessoal de Nível Superior (Capes), cujo auxílio financeiro foi fundamental para a conclusão do trabalho.

Entre as pessoas que colaboraram comigo no período mais recente, da transformação do texto original em livro, o primeiro e especial *grazie* ao Léo, o mais generoso e fraterno dos amigos, sempre pronto a apoiar de maneira incondicional. Sua disponibilidade foi de grande valia para levar a cabo a árdua tarefa de reler, apagar, acrescentar, corrigir; agradeço também ao meu aluno Jaime que, com maestria e paciência, decifrou meus hieróglifos, introduziu-os em um disquete, dividindo, inclusive, com o Léo, a tarefa de montar o índice onomástico. À Maria Ribeiro do Valle, primeira orientanda e, para usar palavras suas, amiga do "lado esquerdo do peito", firme em me fazer acreditar que valia a pena trilhar de novo um percurso aparentemente concluído. Meu sincero obrigado, também, aos editores, professores Castilho e Gutierre, pelo grande estímulo, paciência e cuidado, à Denise, editora assistente, tão gentil, precisa e disponível, e à Rosa Maria, sempre tão doce e atenciosa.

Para finalizar, gostaria de lembrar aqui algumas pessoas que, mesmo sem participar diretamente do trabalho, me ajudaram, com a sua presença e apoio, a ir adiante. Em primeiro lugar, o meu querido pai, que esteve ao meu lado, terno e protetor, durante a redação da tese: este trabalho é dedicado à sua memória. Minha mãe, que sempre "quebrou mil galhos" e para quem os filhos são, sem sombra de dúvida, *i piú bravi di tutti*. A querida Domingas que, "com açúcar e com afeto", me mimou e me liberou de muitas tarefas do cotidiano. O meu irmão Ugo e a minha cunhada Mara, sempre torcendo por mim e, sobretudo, meus amados sobrinhos, Roberta e Enrico, que acalentam o presente e dão brilho aos sonhos do futuro.

A saudosa dona Elisa: nunca vou esquecer sua força, alegria e carinho, que tanto me confortaram e animaram. Os tios Antenore e Lalla e o meu caro primo Roberto, que deixaram em mim a lembrança eterna de horas felizes da infância, correndo pelas trilhas alpinas, e das primeiras acaloradas conversas de juventude sobre o "futuro da humanidade".

Os meus tios do coração, Marisa, Pino e, em especial, a adorada *zia* Gege, cuja acolhida, toda vez que me arrisco a voltar ao meu primeiro lar, confirma a certeza de que a distância não abala os afetos verdadeiros. A Leane, amiga e confidente desde os tempos de estudantes, quando partilhávamos, junto com os outros "irmãos para sempre", a certeza de ver o mundo virar de ponta-cabeça; a Giuliana, meu elo maior com as raízes carcamanas e com o sonho e a poesia de 68. A Ivany, que me acolheu na Faculdade e me ajudou, com muito desprendimento e ternura, a enfrentar os desafios de decodificar um universo desconhecido, povoado de pessoas, ideias e dilemas novos. Enfim, a equipe dos "permanentes socorros", as queridas Cris, Elisa, Elô, Ernesta, Marcia, com quem divido os risos, as apreensões e as brigas do cotidiano ensolarado de Campinas, onde, mais do que em qualquer outro lugar, cada vez mais me sinto perto de casa.

A política é a ciência da liberdade: o governo do homem pelo homem, qualquer que seja o nome com que se disfarce é opressivo; a mais alta perfeição da sociedade realiza-se na união da ordem e da anarquia.

Pierre-Joseph Proudhon

Sumário

Introdução   15

1. Rousseau entre o passado e o futuro   27
   A "questão" de Jean-Jacques Rousseau   35
   As metáforas do organismo   40
   Sentimento e razão na nova ordem social: o corpo e
   o número   47

2. Utopias comunitárias no século XVIII:
   Morelly e Dom Deschamps   73
   A "cidade comunitária" em Morelly   78
   Dom Deschamps: o "olhar metafísico"   87

3. Proudhon e a anarquia   99
   Do Estado à anarquia   106
   Da anarquia ao Estado   127

4. Proudhon e a classe operária   139
   Autogestão e luta de classes   142
   Ciência e virtude na Revolução   155

5. Bakunin e os vigilantes subterrâneos da liberdade   173
   Comunidade anárquica e revolução social   176
   Anarquismo e ditadura clandestina coletiva   187

Considerações finais   207
Referências bibliográficas   215
Índice onomástico   227

Introdução

Em um pequeno texto intitulado "A Revolução Russa", Rosa Luxemburg, criticando a dissolução da Assembleia Constituinte pelos bolcheviques, afirma que "... somente uma vida fermentando sem entraves empenha-se em mil formas novas, improvisa, recebe uma força criadora, ela própria corrige seus maus passos" (Luxemburg, 1968, p.155). Acreditando que o consenso em torno do programa socialista nasce do livre confluir de opiniões e propostas geradas no interior do movimento, a marxista polonesa atribui à liberdade política papel essencial na construção da sociedade autogerida.

Luxemburg viveu uma 'era de revoluções' e morreu antes que o novo regime se consolidasse na Rússia.[1] Sua confiança no poder da liberdade humana de produzir uma convivência racional e sem conflitos traz a marca de um ideal de transfor-

---

[1] Rosa Luxemburg morreu em 1919, na Alemanha, durante a insurreição espartaquista, barbaramente assassinada por bandos direitistas.

mação que, ao longo do século XIX, alimentou o imaginário de algumas gerações de pensadores, concertados pela crítica à *forma mentis* burguesa e pela aspiração a um modelo societário ao mesmo tempo livre e cooperativo. Esse ideal, que já no século XVIII esboçava-se nas críticas e propostas de escritores políticos radicais, como Godwin, Mably, Deschamps, Morelly e, sobretudo, Jean-Jacques Rousseau, é central nas primeiras utopias socialistas do século XIX. Nessa época, Fourier, Saint--Simon e outros, recusando o fundamento individualista da liberdade, esforçavam-se para compor modelos de uma futura ordem social em que homens dotados de sentimento e razão convergissem para construir o bem e a prosperidade gerais, vencendo as determinações mesquinhas do egoísmo. Segundo George Sorel, esses homens, críticos convictos do liberalismo burguês, não chegaram a vincular suas propostas às revoltas e insurreições de massa, por terem uma avaliação negativa da experiência de 1793:

> tinham visto muito de perto os jacobinos para ter a menor confiança nos aventureiros da política, que os acidentes de um motim, o entusiasmo irrefletido das assembleias populares ou os acasos eleitorais levam aos primeiros lugares do Estado. (Sorel, 1973, p.420, tradução nossa)

Já ao longo das décadas de 1830 e 1840, uma nova geração de socialistas começou a vincular seus projetos transformadores à resistência dos trabalhadores ao capitalismo. Esta crescia à medida que o novo sistema avançava, destruindo a pequena e média produção manufatureira e artesanal, e criando, com o progresso técnico, a massa miserável e inculta que compõe as primeiras levas do proletariado moderno. Reagindo às transformações que afetavam profundamente sua vida física e espiritual, os trabalhadores forjavam novas formas organizativas. Na Inglaterra, onde o grande capital já dominava a economia, as lutas operárias ganhavam a cena política com os cartistas.

Na França de Luís Felipe, onde ainda prevaleciam a pequena e a média produção, proliferavam, entre os artesãos independentes, movimentos de ajuda mútua e resistência ao avanço capitalista, intensificando práticas cooperativas que terão importantes desdobramentos na atuação operária e socialista a partir da segunda metade do século XIX. Essas organizações e movimentos de solidariedade 'obreira', cruzando-se com as correntes jacobinas da pequena burguesia radical, confluíram e desembocaram às vezes em lutas insurrecionais, como as de Paris e Lyon no início dos anos 1830.[2]

Nesse contexto, a tradição revolucionária da França atraiu, principalmente entre 1840 e 1848, a *intelligentsia* europeia de esquerda que em Paris discutia os caminhos e os fins da revolução social. Entre os participantes ativos desse debate, encontrava-se Pierre Joseph Proudhon, um socialista de origem pobre, ex-tipógrafo de província, que tinha lançado, em 1840, um pequeno livro com o objetivo de demonstrar que "a propriedade é um roubo". Nesse opúsculo, intitulado *O que é a propriedade?*, a crítica às relações fundadas sobre o interesse privado desaguava na proposta de um modelo social capaz de harmonizar plenamente igualdade econômica com liberdade pessoal e política. Uma associação de produtores na qual dons e vocações tivessem pleno desenvolvimento e em que as regras de convivência fossem fruto da participação direta de todos os membros.

Tal projeto associativo, que Proudhon declarava ser "anárquico", impressionou sobremaneira Michel Bakunin jovem revolucionário russo exilado em Paris em 1844, onde travou com Proudhon longas e apaixonadas discussões sobre o tema. Anos mais tarde, Bakunin ligaria seu nome ao movimento anarquista internacional, fundando e fomentando grupos de propaganda do ideal libertário em vários países da Europa.

---

2 Cf., a esse respeito, Ansart, 1973, cap.2, passim.

Em que pesem as grandes diferenças entre a vida e as concepções deles, Proudhon e Bakunin tiveram em comum a ideia de que o socialismo não seria fruto da reforma ou conquista do Estado pelas massas populares, mas de sua abolição e da emergência de uma ordem autogerida em que cada um obedecesse apenas aos ditames da razão e da consciência. No que diz respeito à realização histórica efetiva desse modelo ideal, os primeiros representantes do socialismo anárquico moderno partilhavam, com a maioria dos reformadores e revolucionários de sua época, a crença no progresso indefinido da inteligência e sensibilidade humanas, entendendo a história como um percurso doloroso, mas inexorável, que vai da "razão ignorante à razão instruída", ou "do bestial ao humano".

Esse progresso, propiciado pela experiência histórica do trabalho e do pensamento, estaria se evidenciando, nos tempos modernos, em tendências capazes de transformar a sociedade como um todo no plano da sensibilidade e do entendimento. A primeira dessas linhas seria patente nas organizações e movimentos populares contrários ao capital: a democracia interna e o espírito cooperativo que os norteiam tenderiam a superar as relações predominantes na sociedade capitalista, desenvolvendo sentimentos, hábitos e formas institucionais capazes de realizar o destino solidário da liberdade humana. No plano da ciência política, ambos os pensadores detectam a outra tendência regeneradora do social: as utopias anticapitalistas, elaborando os elementos teóricos para a negação do Estado e da propriedade privada, anunciam, esclarecerem e sistematizam os conteúdos produzidos pelos movimentos orgânicos da sociedade. Os elementos espontâneo e científico alastram-se e cruzam-se incessantemente, confluindo, nos períodos revolucionários, para planos globais de transformação. Na óptica de Proudhon, por exemplo, a Revolução Francesa conferiu aos princípios de liberdade e igualdade a forma da democracia política, inaugurando a participação de todo o povo na vida pública. Ao longo do século

XIX, a emergência dos movimentos e doutrinas socialistas estende os princípios igualitários às esferas econômica e social, resultando, em 1848, no primeiro grande embate político entre as forças do trabalho e do capital. Para Bakunin, que morreu em 1876, cinco anos após a Comuna de Paris, esta constituiu um "ensaio geral" da sociedade libertária. Ambos identificam na revolução anticapitalista e antiestatal a tendência racionalizadora e orgânica da sociedade a constituir seu equilíbrio próprio. Pela Revolução, os indivíduos instauraram sua 'soberania', destruindo as instituições responsáveis pela desigualdade e opressão entre os homens. Simultaneamente reunificam o 'corpo social', instaurando o reino da cooperação livre.

As concepções de Proudhon e Bakunin vinculam o ideal anárquico não só à crítica do sistema capitalista mas, sobretudo, à revolução proletária moderna, pela primeira vez de forma sistemática na tradição do pensamento ácrata, permitindo considerá-los entre os mais importantes pensadores libertários que trouxeram uma contribuição significativa para a temática referente às relações entre socialismo e democracia. Por esse motivo, no vasto leque de filosofias anarquistas, que incluem autores e ópticas tão diferentes, optamos pelo exame das doutrinas desses pensadores, a nosso ver, referencial teórico obrigatório para as correntes do anarquismo que associam a revolta individual e de massa contra o Estado a um projeto de gestão coletiva e voluntária da produção social. Sob esse aspecto, combatentes e teóricos do socialismo libertário, como, entre tantos outros, Kropotkin, Grave, Makhno e Durruti, em que pesem suas diferenças e divergências, devem muito às doutrinas de Proudhon e Bakunin.

Para além do próprio anarquismo, a sombra dessas críticas severas a toda transformação operada "de cima para baixo" se projeta também no debate interno às correntes marxistas, intensificado desde o começo do século XX, entre os que acentuavam o caráter espontâneo do processo revolucionário e os que defendiam sua produção científica e tecnológica. Frequentemente, nessa contenda, a imagem do movimento que chega à unidade naturalmente, aprendendo por experiência própria a corrigir seus passos, faz contraste com a do partido-máquina, elemento artificial responsável por reconduzir na direção certa as massas cegas, incapazes de descortinar seus próprios fins.

O tema das possibilidades e limites inerentes aos movimentos espontâneos, central no debate dos revolucionários ao longo do século XX, esteve dramaticamente presente no último e mais importante 'teste' do ideal coletivista ácrata, nos anos 'quentes' da república espanhola. Durante o "curto verão da anarquia", esse ideal enfrentou-se e foi frequentemente derrotado pelo impacto com a realidade do próprio movimento, antes mesmo de sê-lo pelas tropas franquistas (cf. Enzensberger, 1987). No entanto, se o trágico desfecho da revolução espanhola encerrou definitivamente a história política do socialismo anárquico, fortes ecos de suas propostas e experiências podem ser encontrados, por exemplo, nos movimentos estudantis e operários iniciados no final da década de 1960.

As lutas estudantis de 1967 e 68 explodiram após um período de calmaria, durante o qual a progressiva integração dos partidos operários do Ocidente ao modelo democrático burguês, paralelamente à persistência do domínio burocrático no Leste, parecia configurar cada vez mais nitidamente a dissociação entre socialismo e liberdade. O alastramento repentino de lutas e experiências organizativas que fugiam completamente ao controle dos partidos já existentes trazia à superfície aspirações anticapitalistas e antiestatais de setores significativos da sociedade. Entre os estudantes parisienses, que em 1968 proclamavam a imaginação no poder, e os operários da Fiat de Torino, que articulavam a democracia dos produtores no interior da fábrica, havia em comum o sonho de uma sociedade autárquica, sem Estado nem patrões, capaz de produzir livremente seu próprio equilíbrio. Em um clima de grande esperança e entusiasmo, as novas esquerdas voltavam seu interesse para a temática da democracia socialista e buscavam subsídios para isso nas elaborações e experiências dos clássicos do passado. Assim, junto com os textos mais significativos do marxismo 'heterodoxo', de Trotsky e Rosa Luxemburg, figuravam, entre suas leituras, as obras dos 'pais' do anarquismo.

Já amplamente discutida, ao longo do século XX, seja pelos grupos da esquerda heterodoxa críticos das 'frentes populares' interclassistas, seja pelos teóricos do chamado "marxismo ocidental" que alertavam para os poderosos meios de domínio cultural gerados no mundo contemporâneo, a crise dos projetos de transformação radical do capitalismo esteve no centro dos debates em 1968, dando nova vida aos grandes temas do período heroico do socialismo: embora se dividissem entre os que reafirmavam o papel de *condottiere* atribuído pela tradição socialista ao proletariado industrial e aqueles que identificavam novos protagonistas históricos nas revoltas das massas camponesas e nas lutas anti-imperialistas nos países periféricos, os militantes da 'nova esquerda' convergiam em colocar-se na perspectiva de combate frontal às formas burguesas e burocráticas de poder.

Após esse extraordinário porém fugaz renascimento, a história mais recente parece concretizar o eclipse definitivo do projeto socialista originário, que para muitos entre seus adeptos teve sua expressão mais destemida na ideia anárquica sobre a queda imediata de leis e governos. A breve experiência do governo socialista no Chile (1970-1973), para onde acorreram milhares de jovens e intelectuais progressistas em busca da realização do sonho revolucionário, encerrava-se tragicamente com o golpe militar de 1973, no mesmo ano em que começava a delinear-se o novo padrão de acumulação flexível, em resposta à recessão mundial. Ao longo da década, enquanto a feroz ditadura chilena, sob o comando do general Pinochet, criava condições políticas para ensaiar o primeiro modelo de cresci-

Patrizia Piozzi

mento neoliberal, em outros países da América Latina governos autoritários desbaratavam as guerrilhas urbanas e rurais de forma extremamente violenta. Na Europa, a breve primavera dos 'grupinhos' da esquerda extraparlamentar surgidos em 1968 terminava melancolicamente com 'ações exemplares' cada vez mais esporádicas e isoladas.[3]

Nos anos 1980 e 90, em coincidência com o colapso definitivo dos regimes do Leste Europeu e da União Soviética (1991), a reestruturação produtiva avança, sustentada por reformas políticas que golpeiam duramente os direitos sociais em expansão desde 1945. À medida que o peso econômico do operariado decai na nova configuração produtiva, marcada pela precarização e terceirização do trabalho e pela transformação do desemprego em componente estrutural, os partidos e sindicatos da esquerda reformista veem paulatinamente solapada a força social em que se baseavam para negociar uma maior repartição da riqueza. Quando chegam ao governo por via eleitoral, embora mantenham tímidas políticas distributivistas, acabam incorporando as metas neoliberais em seus projetos econômicos e legislativos, contribuindo para desmantelar o Estado de bem-estar e abandonando, até mesmo na retórica do discurso, qualquer referência aos objetivos programáticos socialistas. A revolução tecnológica, que poderia trazer a libertação do reino da necessidade extinguindo a escassez em escala mundial, realiza-se em função exclusiva do incremento do lucro, desencadeando crescente concentração das rendas e condenando grandes contingentes de seres humanos a gravitar às margens do sistema, sem esperança de participar das benesses propiciadas pelo avanço de produtividade. Como afirma Hobsbawm, ao discutir as perspectivas do novo século:

---

3 A mais famosa dessas ações foi o sequestro, julgamento político e assassinato, pelas Brigadas Vermelhas, do primeiro-ministro italiano, Aldo Moro, do partido católico Democracia Cristã, em 1978.

"a repartição das riquezas está se tornando dramaticamente desequilibrada" (Hobsbawm, 1999, p.9), seja entre Estados e continentes, seja entre grupos sociais e étnicos.

Mesmo nos países da União Europeia, onde se concentra boa parte da produção mundial e onde o ataque às conquistas trabalhistas encontra maior resistência, existem atualmente milhões de desocupados, de pobres e de pessoas sem moradia, em assombroso contraste com o grande aumento de riqueza gerada nas últimas décadas.[4] Juntamente com o aprofundamento da desigualdade, a liberdade política também sofre abalos: à medida que os partidos cada vez menos representam correntes de opinião da sociedade civil, seu confronto assume progressivamente a lógica da competição no mercado, transformando-se em um jogo entre ilusionistas, no qual ganha quem tem mais dinheiro e poder para vender suas promessas na mídia. O declínio das formas organizadas de resistência e do debate – e embate – político e cultural entre projetos radicalmente diferentes de vida coletiva, concomitante à penetração em âmbito planetário de uma educação e cultura uniformizadas, dominadas pelo espírito mercantil, permitem "... à ditadura ultraliberal que dá prioridade ao lucro a despeito do conjunto humano, continuar, sob a capa do termo 'mundialização', a exercer suas sevícias" (Forrester, 2000, p.187).[5]

Na esteira da indignada investida de Viviane Forrester contra o "horror" econômico e moral gerado por essa ditadura, outros autores examinam os meios pelos quais a liberdade de ação dos poderosos da terra tem se ampliado significativamen-

---

4 Segundo os dados de André Gorz, citados por Polito em sua entrevista com Hobsbawm, nos últimos 20 anos do século passado a riqueza gerada na Europa cresceu de 50 a 70%, enquanto existem 20 milhões de desempregados, 50 milhões de pobres e 5 milhões de pessoas sem teto (Hobsbawm, 1999, p.99).

5 Cf., também, para o mesmo tema, Forrester, 1996.

te nos últimos 30 anos, gerando efeitos sociais catastróficos. Entre eles, Reginaldo de Moraes, ao analisar os fundamentos teóricos e as práticas do neoliberalismo, chama atenção para o fato de que sua vitória incontrastada faz entrever "um mundo sinistro", onde a exclusão e miséria de um número crescente de seres humanos têm seu correspondente na "apatia política, desilusões e desmoralização ideológicas, insegurança econômica e atomização social" (Moraes, 2001, p.138).

No entanto, como apontam esses próprios diagnósticos, esse quadro apocalíptico não ocupa todo o espaço da tela. Por um lado, multiplicam-se, nos últimos anos, trabalhos oriundos da academia e da cultura, inclusive midiática, que não só denunciam as formas violentas de discriminação social, étnica e religiosa camufladas nas cruzadas dos impérios ocidentais contra os 'inimigos da liberdade', mas dissecam, por análises intransigentes e rigorosas, o uso indiscriminado da educação e da cultura na construção de consensos sobre o ocultamento sistemático de fatos e dados. Por outro lado, os novos movimentos sociais, surgidos nas últimas décadas do século XX em defesa dos direitos das minorias, e de comunidades e culturas ameaçadas de extinção, alargam-se e universalizam-se, mais recentemente, dirigindo-se contra a globalização neoliberal, em defesa do equilíbrio social e natural do planeta.

Ao privilegiar métodos de ação direta, assim como a discussão e organização autônoma da sociedade civil, à margem do Estado, tais movimentos tendem a superar os limites da democracia representativa e da delegação de cargos e funções.[6] No entanto, apesar desse traço 'anárquico', não se unificam em torno de um projeto transformador global, e acabam canalizando suas reivindicações para o poder constituído. Por seu caráter fluido e muitas vezes transitório e pontual, detêm uma força

---

6 A respeito dos aspectos libertários dos movimentos sociais contemporâneos, cf. Bruni, 1988.

política de impacto, mas pouco relevante no confronto com as poderosas instituições financeiras e políticas que dominam o panorama mundial. Na óptica de Hobsbawm, sem uma base sólida de classe, nem um objetivo estratégico unificado, constituem apenas um "amplo espectro de esquerda", incapaz de reverter o quadro desfavorável às lutas pelos direitos sociais. No entanto, cabe lembrar que o mesmo autor, ao escrever sobre a "era das revoluções" (Hobsbawm, 1979, p.260), assinala que a origem do socialismo moderno se vincula à busca de soluções para o crescimento assustador da miséria urbana no início do século XIX. A denúncia da desigualdade entre os homens, já central nas utopias reformistas e comunitárias que, ao longo do século XVIII, preparavam o terreno cultural para os acontecimentos de 1789 e 1791 na França, está, também, na raiz das teorias *e* insurreições anticapitalistas do século XIX e do início do século XX, independentemente dos diferentes objetivos e pontos de vista de seus adeptos.

Significativamente, a mesma denúncia torna-se recorrente e cada vez mais constante nas manifestações de rua de estudantes e populares em protesto contra os crimes da globalização. Para dar apenas um exemplo, em julho de 2005, em ocasião da reunião dos líderes do G8,[7] na Escócia, os protestos foram precedidos pelo *show* "Live 8", que reuniu simultaneamente em 11 capitais mundiais cerca de 700 mil pessoas. Distanciando-se do caráter assistencialista do histórico "Live Aid", espetáculo ocorrido em 1985 em Londres e na Filadélfia, as celebridades presentes no evento deixaram claro que seu objetivo não era arrecadar recursos para caridade, mas exigir justiça para os povos da África e do Terceiro Mundo, por medidas concretas, como o perdão imediato da dívida e o estabelecimento de regras comerciais mais equilibradas. Em carta dirigida

---

7 Grupo das sete maiores potências econômicas do planeta, mais a Rússia.

ao G8, o músico e ativista escocês, Bob Geldof, esclarece o caráter de luta pelos direitos sociais pretendido pelos organizadores do evento, afirmando que

> Vinte anos atrás, no *Live Aid*, pedimos caridade. Agora, com o *Live 8*, queremos justiça para os pobres. A reunião do G8 nos próximos dias pode dar os primeiros passos reais em direção à erradicação dos extremos de pobreza, de uma vez por todas. Nós não aplaudiremos mais medidas ou retóricas vazias, precisamos de um avanço histórico. (Geldof, 2005, p.A-18)

As correntes de opinião e as lutas das populações que, mundo afora, combatem e denunciam os delitos e mentiras dos poderosos, mostram, a nosso ver, que a vereda da utopia e do "progresso dos espíritos humanos" aberta pelos grandes reformadores e revolucionários do século XVIII continua sendo trilhada por um amplo espectro de esquerda. Se permitirem um trocadilho pouco sutil, esse amplo espectro de homens que ousam dissentir e agir em defesa dos direitos humanos e sociais pisoteados pela 'ditadura ultraliberal' recolhe, de certa forma, o eco do espectro que, em 1848, rondava a Europa, quando as lutas sociais dos trabalhadores ganhavam as ruas assumindo uma dimensão insurrecional. Essa avaliação nos faz acreditar, talvez por teimosia, que desencavar um universo de representações utópicas que aparentemente já fizeram seu tempo pode contribuir, por meio e além da investigação 'arqueológica', para manter viva uma longa tradição de pensamento e lutas, empenhada em instaurar um mundo onde a liberdade não seja apenas um instrumento para obter vantagens. É dessa liberdade, de sua articulação com as exigências igualitárias, e dos meios necessários para compô-la num todo harmônico que estão falando os autores investigados neste livro.

1
Rousseau entre o passado e o futuro

Eric Hobsbawm, em *A era das revoluções*, assinala que as imagens oriundas da biologia inspiraram, no final do século XVIII, não apenas conservadores empenhados em combater as mudanças trazidas pelo Iluminismo e pela Revolução, mas também homens do campo progressista, entre os quais Robespierre e Saint-Just (cf. Hobsbawm, 1979, cap.XV). Adeptos das teses racionalistas e libertárias das Luzes, os revolucionários do Ano II opunham-se porém a seu fundamento individualista. Sonhando a 'cidade virtuosa', onde homens livres e iguais se orientassem pelo bem geral, voltavam as costas a Voltaire e encontravam Rousseau. Descobriam nele a vontade de instaurar um mundo em que o indivíduo se sentisse e atuasse como membro efetivo da comunidade: um 'corpo social' em que "... o cidadão não é nada, não pode ser nada, a não ser por todos os outros" (Rousseau, 1964a, p.382). Inspiravam-se, conforme suas concepções de democracia, na imagem do cidadão da República antiga, para quem a liberdade é um instrumento do bem público. Símbolo das virtudes cívicas, essa figura fazia contraponto,

27

nos escritos do filósofo de Genebra, à do burguês filistino, acusado de reduzir a liberdade a uma escolha de meios para obter vantagens.[1]

Referencial obrigatório para os grupos radicais na França revolucionária e pós-revolucionária, a doutrina rousseauniana recolhe e sistematiza as críticas à sociedade competitiva, marca registrada das utopias primitivistas que proliferam ao longo do século das Luzes. A imagem do 'bom selvagem', lugar-comum dessa literatura, veicula o ideal de uma comunidade de livres e iguais. Situado num tempo e espaço indefinidos, construído pela combinação fantástica dos relatos dos viajantes com os mitos literários da Idade do Ouro, esse modelo contrastava com o retrato desolador das sociedades modernas, marcadas pelo desequilíbrio e pela desigualdade.

Ao marcar a ruptura entre a idade feliz da cooperação livre e a trágica, da injustiça e da discórdia, pelo nascimento da propriedade privada, e ao propor formas estatais capazes de limitar sua expansão, para "mantê-la subordinada ao bem público" (cf. Rousseau, 1964b, p.931), Rousseau conferia a esse imaginário a sanção da filosofia da história e da ciência política, inspirando as esquerdas democráticas e revolucionárias emersas em 1789 em sua busca de alternativas ao ideal burguês de vida. Partilhando com os visionários arquitetos de utopias comunitárias a ideia de que a sociedade competitiva é inabitável ao

---

1 Uma das mais contundentes críticas de Rousseau à concepção utilitária de liberdade encontra-se nas "Lettres de la Montagne", dirigidas à burguesia de Genebra: "Vocês são Mercadores, Artesãos, Burgueses, sempre ocupados com seus interesses particulares, com seu trabalho, seu ganho: gente para quem a liberdade mesma é apenas um meio para adquirir sem obstáculo e possuir em segurança" (Rousseau apud Baczko, 1974, p.289, [tradução nossa, como todas as que seguem, a menos que seja explicitado o contrário]. Baczko comenta que a desintegração da comunidade política e religiosa genebrina, sob o efeito do mundo competitivo das finanças e dos negócios, marca profundamente o pensamento rousseauniano).

homem, o genebrino denunciava com veemência os aspectos desagregadores do comércio e da riqueza, dirigindo sua crítica não apenas ao arbítrio do Rei e da Igreja, mas, também, aos males do capitalismo nascente; dessa forma, colocava sob suspeita a certeza, difusa entre a *intelligentsia* do século XVIII, de que os interesses privados possam confluir de forma racional e pacífica, gerando um ordenamento social justo.

Os alicerces teóricos desse modelo encontravam-se nas teses contratualistas de John Locke, referência paradigmática para a luta das luzes em prol das 'liberdades do liberalismo'. O filósofo inglês reconhece no 'estado de natureza' a comunidade originária dos homens. Nascidos livres, iguais e dotados de razão, recebem de Deus a terra em comum, e a ocupam e privatizam pelo trabalho, sendo regidos, em seu movimento, por um imperativo de razão que estabelece a equivalência de direitos e deveres, ordena suas relações recíprocas e garante a conciliação entre o universo da utilidade e as exigências do bem comum. Nesse universo harmônico, a possibilidade do conflito localiza-se na oposição entre a lei de natureza e as paixões desmedidas alimentadas pela ignorância. Ameaçando a vida e a posse dos outros, homens irracionais e corruptos inviabilizam a convivência humana erguida originariamente sobre o direito privado de apropriação, tornando necessária a ordem civil. Criados por um contrato consensual que institucionaliza a ordem social preexistente, o Estado e as leis, longe de mutilar os direitos e necessidades naturais de cada indivíduo, constituem a expressão visível e objetiva da ordem racional inscrita na natureza, atuando como instrumentos contra os assaltos do lado obscuro do homem, o 'outro' do racional e da regra, cuja presença desagregadora dificulta a obediência à lei de natureza nas comunidades espontâneas.

No entanto, a legitimação da propriedade em uma norma universal aferível pela razão apresenta fissuras, uma vez que a dimensão do comum expressa-se, nela, negativamente, como limite à ação movida por interesses particulares, sem lastro em uma tendência natural dos indivíduos a articular-se em um 'corpo'. Assim, como lembra Gerard Lebrun, a necessidade do Estado acaba sendo decorrência do próprio modelo lockiano de estado de natureza, pelo qual o indivíduo proprietário – e não a comunidade – é o "sujeito ontológico soberano":

> Este modelo, na verdade, pode parecer bastante inocente enquanto trabalho pessoal e propriedade não se apresentam dissociados. Mas esse momento surge, cedo ou tarde, e com ele a mutação da propriedade: a apropriação que, na origem, estava estreitamente limitada pela natureza, torna-se, com a invenção da moeda, o meio de um processo de acumulação ilimitada. É esta ruptura na evolução que torna o Estado necessário: é chegado o tempo em que, como dizia Hume, os homens percebem que, nas sociedades 'ampliadas e refinadas', eles devem passar a ser sistematicamente obrigados, por um 'governo', a respeitar as regras de justiça (que até então não eram infringidas). Isto posto, Hume, assim como Locke, não coloca em questão a legitimação da apropriação capitalista... (Lebrun, 1983, p.45)

A inocência do estado originário é questionada por Maria Sylvia Carvalho Franco, em sua crítica à tradição exegética que supõe, na teoria jusnaturalista lockiana, a cisão entre a doutrina clássica, "incluindo as trocas comerciais, dentro da justa medida cristã", e a teoria moderna do direito natural, voltada a legitimar a acumulação ilimitada (Franco, 1993). Ao imaginar o estado natural como uma comunidade de homens livres e iguais, dotados de razão, constituídos como tais pelo movimento de apropriação, Locke estabelece uma continuidade entre a posse da própria pessoa e a posse das coisas exteriores, relegando os não proprietários à condição de transgressores da lei natural, ameaças permanentes à estabilidade da convivência humana. Os inativos, que não usam seu corpo para a apropriação, ou aqueles que fracassam nesse movimento "caem na ordem dos inferiores, dos criminosos, justificando-se, assim, seu jugo e exploração pelo outro" (ibidem, p.41). Nessa óptica, não há ruptura entre a comunidade pré-civil 'pacificada' e a necessidade do Estado coercitivo, ou entre a imagem idílica dos produtores que fundam a propriedade no trabalho e 'justa' troca, e a posterior legitimação da acumulação comercial, da escravidão, da exploração assalariada. Restringindo, desde a origem, a comunidade humana ao conjunto dos proprietários, a igualdade natural já implica a desigualdade, a paz já é fonte de conflito, fundando na natureza o direito de punir, submeter, tutelar os que estão fora: o americano que não faz render a terra, o escravo que cometeu crime contra a propriedade, o *servant* que aluga seu trabalho por incapacidade de conquistar posses compõem algumas das figuras do outro nos textos de Locke (ibidem, p.50-2).

Ao se estender esse viés interpretativo à análise dos que pertencem à comunidade racional é possível pensar que o Estado vem não só para defendê-la contra as 'feras' que a ameaçam de fora, mas, também, para regulamentar as inevitáveis divergências de interesses entre os que estão nela; homens interessados em preservar seu direito à apropriação e, ao mesmo tempo, pouco esclarecidos para ordenar por si próprios suas relações de forma justa e vantajosa para todos consentem em erguer um ordenamento jurídico que cumpra o difícil papel de garantir e ao mesmo tempo limitar a liberdade dos cidadãos. A dificuldade de harmonizar a instância particular com a comum pode ser reconhecida, por exemplo, no fato de que o corpo político dos proprietários funda-se sobre a condição imprescindível de que cada um aceite a vontade da maioria como a do conjunto, não só porque nem todos os homens, ocupados em seus afazeres pessoais, poderiam participar diretamente da vida pública, mas também porque interesses e opiniões os dividem. Assim, ao se entrar num corpo político, deve-se abandonar a pretensão ao consenso pleno, já que pela diversidade e contrariedade de opiniões e interesses que inevitavelmente estão presentes em todas as reuniões de homens, a entrada em sociedade sob estas condições seria somente como a vinda de Catão ao teatro, tão só para sair de novo. (Locke, 1973, p.78)

Ao negar a possibilidade de consenso unânime, Locke parece reconhecer implicitamente que os homens – mesmo os que aderem à sociedade política – nunca serão suficientemente esclarecidos em torno da norma universal de razão. No entanto, a existência de oposições na comunidade dos iguais talvez se explique não tanto pela incapacidade humana de decifrar completamente a regra, mas pela própria ambivalência da última, que tende a se dissolver no direito natural dos indivíduos à autoconservação e apropriação. À luz dessa leitura, o consenso primeiro em torno do critério majoritário, condição imprescindível para tornar viáveis as sociedades políticas, configura um instrumento da arte política para efetivar a difícil convivência pacífica dos interesses, mais do que uma forma legítima de garantir a vigência de uma norma universal de justiça – não obstante a letra explícita do texto lockiano.

Já, para os adeptos das Luzes, o governo justo mede-se explicitamente pela capacidade de instituir e perpetuar uma ordem jurídica racional em que o critério do bem público seja o respeito à liberdade e propriedade dos cidadãos.[2] É essa a ideia

---

2 Bronislaw Baczko, ao tratar das relações do pensamento rousseauniano com as Luzes, afirma que, para estas, a racionalidade social no mundo moderno se constrói pela articulação dos interesses privados num ordenamento jurídico capaz de garantir a utilidade geral (cf. Baczko, 1974, p.287). Por uma análise semelhante, Walter Bernardi, em seu ensaio sobre "ideologia e utopia no século XVIII", nota que é predominante, entre os iluministas, a tendência a fazer derivar a sociedade justa da harmonização dos interesses, operada pela lei e pela educação. Em oposição a esta, emergiria, no mesmo século, uma filosofia social que apresenta continuidade com os moralistas ingleses – Cumberland, Hutcheson e Shaftesbury,

que norteia as considerações de Helvetius sobre o 'bom governo', na carta de 1748 a Montesquieu:

> Terminarei, meu caro presidente, por vos confessar que nunca compreendi direito as sutis distinções, repetidas sem cessar, sobre as diferentes formas de governo. Só conheço duas espécies: os maus, em que toda arte consiste, por diferentes meios, em passar o dinheiro da parte governada à bolsa da parte governante. Aquilo que os governos antigos arrebatavam pela guerra, nossos modernos obtêm com mais segurança pelo fiscalismo. É apenas a diferença desses meios que constitui sua variedade. Creio, no entanto, na possibilidade de um bom governo em que, respeitadas a liberdade e a propriedade do povo, ver-se-ia resultar o interesse geral, sem todos os vossos balanços, do interesse particular. (Helvetius, 1984, p.169)

Ao declarar-se favorável a um governo soberano e indivisível, Helvetius reconhece como bom aquele que souber garantir a liberdade e propriedade dos governados: uma máquina simples, capaz de articular a ordem social em função dos interesses privados.

Nos primeiros 'discursos' de *Sobre o espírito*, o filósofo fundamenta tais concepções políticas no pressuposto de que

---

para lembrar os mais significativos –, que põem à base da organização social um sentimento inato de benevolência, independentemente de qualquer cálculo egoísta. (cf. Bernardi, 1979). As considerações de Bernardi chamaram nossa atenção pelo paralelo possível com Kropotkin que, numa obra clássica do pensamento anarquista, atribui aos moralistas ingleses dos séculos XVII e XVIII a criação de uma ética – fundada na observação empírica da natureza humana – que não se reduz à racionalização do interesse individual e, ao mesmo tempo, não se apoia numa normatividade de origem divina ou metafísica. Kropotkin reconhece nessa tradição filosófica a primeira crítica 'científica' do individualismo como princípio regulador das relações humanas. Sabe-se que o pressuposto de uma sociabilidade natural é de grande importância para a negação anarquista do Estado (cf. Kropotkin, 1977, cap.X, passim).

Patrizia Piozzi

o interesse é a lei que governa a vida moral: "Se o universo físico é submetido às leis do movimento, o universo moral não o é menos às do interesse" (Helvetius, 1973, p.60). Inspirada pelas concepções da física moderna, a analogia com as leis que determinam o movimento dos corpos torna explícitos os limites da liberdade moral. A vontade dos homens, movida pela busca das vantagens, escolhe o caminho para a consecução dos fins a que tende necessariamente, potenciando, pelo conhecimento, sua capacidade de discernir os mais adequados para tal. Ser livre, portanto, significa lançar luz sobre o que está obscurecido. Analogamente, uma nação é livre se seu povo – e seu governo – tiverem claro que a felicidade pública é idêntica à da maioria. Nesse caso, os indivíduos encaram necessariamente o interesse geral como o seu próprio e, unificando-se em torno dele, garantem a estabilidade do governo. Helvetius reafirma, assim, a vocação pedagógica das Luzes fazendo depender a felicidade geral da obra esclarecedora da razão. Esta, revelando aos homens as leis da vida moral, torna-os livres para realizar com eficácia as determinações inerentes à sua condição. Ao adquirir discernimento e capacidade de julgar, os povos afastam os tiranos e os maus governos, cujo maior sustentáculo é a ignorância dos súditos, e constroem a ordem social legítima sobre o princípio do útil universal.

Veremos mais adiante como Rousseau, por exemplo, assinala a dificuldade de se erguer o bem comum sobre o interesse privado, uma vez que a mesma vontade que busca o útil pessoal deveria submeter-se à regra que restringe sua expansão, indo contra as determinações que lhe são próprias. Em outras palavras, uma ordem de razões potencialmente desagregadora deveria gerar o seu oposto. Examinando as consequências dessa questão, em suas reflexões sobre o iluminismo alemão, Roberto Romano observa que uma comunidade política erguida sobre a associação de interesses incorre permanentemente em dois riscos opostos: ou o aniquilamento da instância universal e a instalação do conflito aberto entre os átomos sociais; ou o fortalecimento da autoridade estatal à custa da liberdade dos cidadãos:

> Se cada indivíduo entra na sociedade política para defender sua propriedade, é natural que tensões e lutas por bagatelas particulares se desdobrem até o Estado, tornando iminente sua explosão. Logo, para opor-se a essa força desagregadora, só pode ser eficiente outra força mecânica, inclusive a física, empregada pela polícia. Os indivíduos iludem-se, pois, ao imaginar que o contrato comercial poderia garantir sua liberdade política. (Romano, 1982, p.126)

Buscando superar o dilema aí apontado, a doutrina de Rousseau projeta um modelo societário em que a ordem não seja o produto instável do acordo de interesses, mas nasça da confluência de todas as vontades em torno do interesse geral, tendo por correlato o enfraquecimento dos instrumentos coercitivos do Estado.

A "questão" de Jean-Jacques Rousseau

Em suas considerações sobre a "questão de Jean-Jacques Rousseau", Ernst Cassirer atribui-lhe a proposta de uma associação autônoma em que homens livres se submetem voluntariamente à lei, superando as determinações puramente utilitárias (cf. Cassirer, 1975, p.55).

Visto dessa forma, o contrato rousseauniano assinala o rompimento com as relações marcadas pelo puro interesse, deitando raízes na exigência de renovação moral do homem moderno, que carrega em si o arquétipo do homem da natureza – reconciliado com as coisas e com o semelhante –, e encontra no pacto político o meio racional para redimir o conhecimento e a civilização. A base natural da nova forma associativa faz com que a coerção tenda a desaparecer em favor da comunidade política e ética autogerida, razão pela qual, segundo Cassirer, Rousseau deveria ser considerado o primeiro pensador político que põe claramente a questão da responsabilidade na construção da vida pública. A questão, já presente naqueles que, como Locke, fazem das leis positivas um meio de continuidade da ordem racional originária, atingiria com Rousseau outro patamar teórico e político, já que o imperativo de natureza não atua, para ele, como um freio à liberdade individual, mas, ao contrário, obedecer-lhe é a forma suprema de realização desta última: "Porque o impulso do mero apetite é a escravidão e a obediência à lei que é prescrita pelos homens a si próprios é a liberdade" (Rousseau, 1964a, p.78). Uma vez que o afastamento da lei moral para imergir no mundo das determinações artificiais significa abandonar a condição de ser livre, o contrato é a forma externa e jurídica de reconquista – interior – da verdadeira liberdade. Mediante a vontade autônoma e racional, o homem reconstrói a ordem do mundo que no estado de natureza se estabelecia de forma imediata.

Ecos desse ângulo interpretativo, que vislumbra no modelo político de Rousseau tinturas kantianas,[3] encontram-se nas análises de Bronislaw Baczko,[4] para quem a liberdade, na democracia rousseauniana, se realiza, por um lado, pela negação radical das relações arbitrárias vigentes na sociedade corrupta; por outro, pelo consenso unânime em torno da lei. Atribuir essa unanimidade ao domínio de um coletivo anônimo sobre o indivíduo seria, segundo Baczko, omitir o essencial e cair em anacronismos. Na verdade, o consenso em torno da lei deveria

---

3 A respeito da leitura 'idealista' que Cassirer faz de Rousseau, consulte-se Starobinski, 1981, cap.II, passim.
4 Nossa fonte é aqui, sobretudo, o capítulo "Philosophie et politique". In: Baczko, 1974, passim.

nascer, para Rousseau, do esforço moral de cada indivíduo para superar as determinações particularizantes e integrar-se, autônoma e plenamente, à vida comum:

A participação na autoridade soberana do povo, na autodeterminação da comunidade, seria só a expressão mais elevada da "liberdade moral" do indivíduo; mas por outro lado, o esforço moral deveria resultar em uma convergência da individualidade com os valores coletivos. É necessário que o indivíduo encontre a verdade política e civil não nos códigos das leis nem na voz da autoridade, mas em seu foro interior, como uma verdade pessoal das mais autênticas, como a expressão de sua individualidade. (Baczko, 1974, p.330-1)

Nessa perspectiva, a antinomia inerente à proposta rousseauniana, que pretende realizar uma comunidade compacta de cidadãos a partir de um contrato entre sujeitos livres, iguais e separados, deve ser entendida pelo caráter transitório de sua doutrina, na qual as concepções contratualistas modernas se sobrepõem a outros modelos, vindos da tradição – da comunidade pré-moderna e da cidade virtuosa antiga. Por meio da fusão eclética desses diferentes esquemas conceituais, Rousseau, na realidade, pensava o 'novo', apontando caminhos para a superação da crise em que estava imersa a sociedade de seu tempo.[5] Os conteúdos políticos e ideológicos originais se

---

5 Cf. Baczko, 1974, p.320. Para outra interpretação dessa fusão híbrida, conferir o belo artigo de Gerard Lebrun, "Contrat social ou marché de dûpes?". Lebrun atribui o amálgama entre a raiz individualista do contrato e sua efetivação numa comunidade virtuosa e afetiva ao "maravilhoso artifício" inventado por Rousseau para viabilizar o mesmo quinhão de liberdade e vantagens para todos os egoístas. Para levar a cabo tal proeza, o filósofo proporia uma estranha troca, pela qual os indivíduos, para não correrem riscos de perder sua liberdade, a entregam sem reservas nem garantias à vontade geral. Sempre segundo Lebrun, Rousseau tenta resolver esse paradoxo lançando mão de uma anfibologia: "o único meio de dissipar, pelo menos na aparência, esta contradição era recorrer a uma

encontrariam, sobretudo, na concepção de uma democracia baseada no consenso de cidadãos permanentemente legislantes. Para Baczko, como para Cassirer, Rousseau encontra as bases para a extinção das formas estatais coercitivas e autoritárias numa transformação radical da *forma mentis* moderna. A viabilidade ou não do novo pacto depende menos de sua forma jurídica externa e mais da capacidade de renovação moral dos civilizados.

No entanto, no tratamento da questão, o autor polonês afasta-se bastante do viés interpretativo de Cassirer, atribuindo a Rousseau uma enorme valorização dos elementos irreflexivos e sensíveis na construção da nova comunidade. O desenvolvimento de uma comunhão afetiva entre seus membros tornar-se-ia necessário, já que a 'virtude' do homem moderno depende do esforço da vontade contra as tendências egoístas, permanentemente sujeito à possibilidade de derrota. Por isso, as leis positivas e os instrumentos de coerção não podem ser extinguidos totalmente, assim como se torna imprescindível a ritualização da vida coletiva para fortalecer a coesão afetiva do corpo social. No entanto, a presença de instrumentos artificiais na constituição e conservação da comunidade rousseauniana não chega a alterar seu caráter essencialmente democrático, visto que o povo é seu principal personagem. Nele, sentimentos solidários e afetivos, que atuavam de forma imediata e irreflexiva no homem

---

anfibologia, isto é, amalgamar dois conceitos, na realidade irredutíveis, de liberdade: a liberdade tal qual a entende o sujeito do Estado moderno, lockiano por instinto, permanentemente desconfiado contra os possíveis excessos da autoridade – e a liberdade do cidadão antigo que participava diariamente da Cidade. De fato, as referências a Esparta e Roma são bem mais do que simples coqueterias: o que Rousseau nos propõe reconstruir é precisamente a Cidade 'no sentido que se apagou entre os modernos', a que Hegel irá chamar em breve a 'cidade ética'. É dela, e de sua afetividade compacta, que Rousseau necessita para exorcizar o Senhor, evitando que a Lei seja sofrida como um novo déspota" (Lebrun, 1980, p.32-3).

'bom' da natureza, permanecem quase inalterados, garantindo sua maior integridade moral. A tendência espontânea do povo ao que é justo e bom relativiza enormemente o papel artificial da política. Por isso, as festas cívicas, por exemplo, que desenvolvem importante função no fortalecimento da sensibilidade coletiva, não devem ser entendidas como um meio para manipular artificialmente emoções, mas como a realização acabada, no plano simbólico e organizativo, da tendência espontânea dos cidadãos a constituir--se em um todo reconciliado.[6]

Outros analistas do pensamento político rousseauniano caminham em sentido oposto ao dos que acentuam seu caráter antiestatista e antiautoritário. Entre eles encontra-se Salinas Fortes, cuja tese principal ressalta que a democracia direta, instituída, no plano abstrato, pelo "contrato social", não resiste ao impacto da realidade. Ao analisar a comunidade rousseauniana na passagem da existência virtual para a efetiva, Fortes acentua enormemente o papel do elemento artificial, consubstanciado na atuação jurídica e pedagógica do legislador. A necessidade do artifício e autoridade políticos justifica-se por duas razões. Uma diz respeito ao abismo que separa o homem natural do civil: à medida que os artefatos criados pelo homem se sobrepõem ao mundo natural, a arte política torna-se necessária para conter as disputas pelas glórias e riquezas em limites compatíveis com a paz das cidades e o cumprimento das obrigações públicas (cf. Fortes, 1976, p.95). A segunda razão diz respeito à defasagem entre a imagem idealizada do povo, que funda, no plano abstrato, o pacto redentor, e a multidão cega encontrada na realidade empírica, incapaz de gerar o bem comum por *motu proprio*.

---

6 Estamos nos referindo aqui, especificamente, ao capítulo "Philosophie et politique" (Baczko, 1974). Em obra posterior, o autor polonês acentua o papel organizador e educador das elites políticas (cf. Baczko, 1979).

Portanto, na análise que Salinas faz da passagem rousseauniana da 'teoria à prática', o verdadeiro redentor da civilização e fundador da nova ordem é o indivíduo de inteligência e sensibilidade excepcionais. Apenas este pode não só conferir conteúdo político concreto à vontade geral e criar condições coercitivas para garanti-la, mas, também, *extirpar*, pela pedagogia, as inclinações egoístas e anti-sociais presentes no homem moderno. Segundo Salinas, a presença desse "personagem providencial" na fundação e conservação do Estado atenua bastante o democratismo de Rousseau. Não se trataria, no entanto, de uma inconsequência do pensamento, mas da adaptação da teoria às exigências impostas pela realidade.

À luz desses diferentes ângulos interpretativos, a busca de respostas à "questão de Jean-Jacques Rousseau" não se esgota no âmbito da exegese dos textos, mas abre caminho para indagações mais amplas, centrais para o exame dos projetos e os impasses das utopias anticapitalistas florescidas na era das revoluções. No âmbito deste livro, investigar alguns aspectos do projeto político e moral de Rousseau significa lançar uma ponte para elucidar melhor de que modo, para os críticos do pacto de interesses, a emergência da sociedade autogerida, por eles vinculada à contenção, ou extinção cabal, da propriedade privada, delineia-se em formas espontâneas de vida e cultura do 'povo', exigindo, ao mesmo tempo, a intervenção de uma vanguarda iluminada.

As metáforas do organismo

Em seu estudo sobre as "metáforas do organismo", Judith Schlanger afirma que os complexos biológicos não constituem em Rousseau modelos para o desvendamento da natureza das relações sociais, mas apenas "imagens privilegiadas" da totalidade. O que explicaria o alcance e sentido da metáfora não seria uma suposta estrutura orgânica da sociedade, mas, sim, a condição de 'todos', comum aos conjuntos biológicos e sociais.[7]

O comentário de Judith Schlanger chama atenção para um aspecto importante da teoria política rousseauniana: o tratamento da relação entre as partes e o todo no interior do 'corpo social'. Adepto das teorias contratualistas, Rousseau supõe a anterioridade da existência individual sobre a coletiva, concebendo cada indivíduo como unidade orgânica completa e as sociedades humanas como sistemas construídos artificialmente, que exigem uma interferência reguladora.

A questão da natureza das sociedades políticas é tratada de forma explícita no opúsculo que versa sobre as causas do 'estado de guerra'. Neste, a metáfora do corpo indica a diferença entre as totalidades sociais e as orgânicas:

> A diferença entre a arte humana e a obra da natureza se faz sentir nos efeitos: por mais que os cidadãos chamem a si próprios membros do Estado, não poderiam unir-se a ele como os verdadeiros membros do corpo; é impossível fazer com que cada um deles não tenha uma existência individual e separada, pela qual

---

7 A existência ou não de uma teoria organicista do social em Rousseau é uma questão bastante presente entre seus comentadores. Robert Derathé, que figura entre os mais abalizados analistas da teoria política rousseauniana, refuta as interpretações – como a de Vaughan – segundo as quais a presença das imagens orgânicas nos escritos de "Jean-Jacques" denotaria a absorção dos indivíduos na vida coletiva e a negação de sua existência independente e separada: "Em resumo, para Rousseau, como para Hobbes e Pufendorf, o Estado é essencialmente um 'corpo artificial', isto é, um 'ser moral', um 'ser de razão' ou uma 'pessoa moral', cuja vida consiste unicamente na 'união de seus membros' e que deve sua existência unicamente ao pacto social. Mas como a noção de pessoa moral é difícil de ser compreendida, devido à sua própria abstração, é possível ter uma ideia aproximativa dela comparando o corpo político a um organismo vivo. Por mais cômoda que seja esta comparação, ela não deixa de ser, por isso, 'pouco exata' e as metáforas organicistas são sempre apenas um sucedâneo, uma linguagem imaginada que devemos nos guardar de tomar ao pé da letra" (Derathé, 1979, p.413).

possa suprir à sua própria conservação sozinho; os nervos são menos sensíveis, os músculos têm menos vigor, todas as ligações são mais fracas, o menor acidente pode desagregar tudo. (Que l'état de guerre naît de l'état social, in Rousseau, 1964c, p.606)

A tensão e a oposição potencial entre o todo e as partes está no cerne dos Estados políticos, uma vez que seus componentes vivem a dupla dimensão do público e do privado. Na instituição pública, nascida de um contrato, os indivíduos permanecem unidades orgânicas independentes, e, ao mesmo tempo, tornam-se membros de um todo artificial, cuja força e movimento concentram-se no aparato do Estado. Dessa peculiar composição entre partes e todo resulta necessariamente a inferioridade da força pública em relação à soma das forças particulares, determinando a fraqueza e a falta de agilidade nos movimentos que a diferenciam essencialmente das unidades orgânicas, tornando-se necessário, para sua subsistência, "que a vivacidade de suas paixões supra à de seus movimentos e que sua vontade se anime na mesma medida em que seu poder se enfraquece" (ibidem).

Isto posto, criar e fortalecer a vontade e o sentimento públicos, transformar a letra fria da lei em um ditame universal que fale diretamente ao coração dos homens, capturando sua vontade íntima, tornando-os uma pessoa moral, constitui, para Rousseau, o desafio fundamental dos que pensam e fazem a política. Projetada a imagem do todo pacificado como a que traduz o perfeito estado de harmonia entre as partes, devem ser indagados os meios para aproximar o funcionamento efetivo das sociedades a esse paradigma. Uma análise dessa investigação na obra rousseauniana envolve discutir até que ponto a construção de um corpo social uno tem seu fundamento em formas espontâneas de associação e/ou é obra da intervenção do 'indivíduo excepcional'.

No primeiro livro do *Manuscrito de Genebra*, significativamente intitulado "Primeiras noções do corpo social", Rousseau questiona as teses dos *philosophes*, segundo as quais a sociabilidade deriva de um ditame universal e absoluto de razão, atuante em todos os homens independentemente de seus interesses específicos. Reproduzindo literalmente as palavras de Diderot que, no verbete "Direito Natural" da *Enciclopédia*, definia a vontade geral como

> um ato puro do entendimento que raciocina, no silêncio das paixões, sobre o que o homem pode exigir do seu semelhante e sobre o que o seu semelhante tem o direito de exigir dele (Rousseau, 1964d,p.286),[8]

Rousseau nega que a norma de razão aí enunciada, em si verdadeira, atue efetivamente nas sociedades humanas, já que estas nascem da necessidade e do interesse particular. Seu enfoque antropológico e histórico, ao contrário, afirma a oposição absoluta entre as razões do interesse privado e as exigências do bem comum:

> é falso afirmar que, no estado de independência, a razão nos conduz a contribuir para o bem comum em vista do nosso próprio interesse. Longe do interesse particular constituir um aliado do bem geral, excluem-se mutuamente na ordem natural das coisas. (Rousseau, 1964d, p.284)

Ao ironizar as ilusões dos *philosophes* de que a razão dos 'seres independentes' possa afastar-se das paixões e ordenar a vida comum segundo o critério da igualdade de direitos e deveres, a crítica de Rousseau apanha os fundamentos lógicos do pacto erguido sobre a delimitação racional dos interesses individuais: o pressuposto de uma sociabilidade fundada na inteligência, segundo o qual a ordem social justa depende da vitória das luzes sobre a ignorância, os preconceitos e as paixões,

---

8 Para o texto de Diderot aí citado, cf. 1976, p.300.

desconsidera o papel do cálculo egoísta na gênese e no desenvolvimento da vida em comum. A 'sociedade natural' regida pela norma de razão existe apenas nos escritos dos filósofos, e a ausência de harmonia e igualdade nos agrupamentos humanos resulta, em *essência*, da razão que os organiza e não do seu oposto, o impulso irracional. O mesmo movimento que induz os homens a agruparem-se – gerado pelo interesse e necessidade – os afasta e os torna inimigos, instaurando a oposição no cerne das sociedades. Estas constituem agregados em que cada componente procura ordenar o todo em função de sua vantagem. Os permanentes conflitos, desequilíbrios e mudanças que caracterizam as associações humanas não indicam a ausência de ordenamento inteligente, mas resultam da peculiar relação entre todo e partes imposta pela razão calculista:

> Onde há inteligência e sentimento, há, sempre, alguma ordem moral. A diferença é que o bom se ordena em relação ao todo, enquanto o mal ordena o todo em relação a si próprio. (Rousseau, 1969, p.602)

As leis positivas, que, por definição, pertencem ao âmbito do universal, na realidade revelam, com raras e tardias exceções, o ordenamento do todo em função das partes. Essa distorção não está presente apenas nos decretos dos regimes despóticos e nas formas rudes de governo das nações bárbaras, mas, também, naquelas leis que se fundam sobre princípios abstratos de igualdade e liberdade. O ideário liberal e racionalista, entendendo a igualdade e a liberdade de cada um como instrumento para obter ganhos privados e, ao mesmo tempo, como condição da felicidade geral, acaba partilhando da mesma ilusão que oculta a ditadura dos mais fortes e talentosos sobre os mais fracos na aparente equidade das leis.[9]

---

9 Rousseau, 1969, p.524: "O espírito universal das Leis de todos os países é o de favorecer sempre o forte contra o fraco, e aquele que possui con-

No *Manuscrito de Genebra*, Rousseau afirma que, embora Hobbes tivesse errado, atribuindo ao homem natural – isolado e movido por necessidades primárias – as paixões e cálculos que o caracterizam na vida civil, por outro lado constatou acertadamente que o progresso histórico se faz sob o signo do conflito, contrariamente ao que pensam os adeptos do poder civilizatório e moralizante da razão.[10] Para indicar a distância entre a sociedade real e a ideal – que existiria apenas nos sistemas filosóficos –, recorre novamente à imagem do corpo, em oposição à do agregado:

> Se a sociedade geral existisse em outro lugar que não nos sistemas dos filósofos, ela seria, como já disse, um Ser moral com qualidades próprias e distintas daquelas dos Seres particulares que a constituem, mais ou menos da mesma forma que os compostos químicos têm propriedades diferentes dos elementos que os compõem. Haveria uma língua universal que a natureza ensinaria a todos os homens e que seria o primeiro instrumento de sua comunicação mútua: haveria uma espécie de *sensorium* comum que serviria à correspondência de todas as partes; o bem ou o mal público não seriam apenas a soma dos bens ou dos males particulares como num simples agregado, mas residiria na ligação que os une, seria maior que essa soma, e, longe da felicidade pública basear-se na felicidade dos particulares, ela seria a fonte desta última. (Rousseau, 1964d, p.284)

A oposição entre organismo e agregado elucida cristalinamente o sentido da crítica rousseauniana aos que têm como base a associação de interesses para pensar a relação entre todo

---

tra aquele que nada tem; este inconveniente é inevitável e ocorre sem exceções".

10 "O erro de Hobbes não é, portanto, ter estabelecido o estado de guerra entre os homens independentes e tornados sociáveis, mas de ter suposto este estado natural à espécie, e tê-lo considerado causa dos vícios dos quais ele é resultado" (Rousseau, 1964d, p.288).

e partes nas formações políticas. Sugere-se aí que a construção de uma sociedade na qual as leis expressam o bem comum não pode se dar pelo simples aglomerado de indivíduos autônomos, iguais e dotados de razão, mas implica o soerguimento de um todo que tenha sentimentos e vontade próprios. Uma vez que, para Rousseau, este 'ser social' não se constitui pelo desenvolvimento espontâneo das associações humanas, sua emergência põe o problema, político e moral, da ruptura e transformação das relações existentes.

Definir a natureza e os agentes dessa transformação torna-se difícil, lembra Starobinski, não só porque Rousseau nunca a vinculou a um programa político concreto, mas, também, porque, se, por um lado, as teses pessimistas do II Discurso (Discurso sobre a origem e os fundamentos da desigualdade entre os homens) previam um estado de anarquia permanente, por outro, o pacto redentor de *Do contrato social* situa-se em uma dimensão normativa e abstrata, pairando acima do tempo (cf. Starobinski, 1981, p.45).

Decifrar a possível passagem da 'teoria à prática' é apenas uma das dificuldades que enfrentam os estudiosos de Rousseau, já que a própria natureza lógica do pacto apresenta ambiguidades que dificultam sua interpretação. O novo contrato, tendo por fim assegurar a liberdade pessoal e a propriedade privada, dá continuidade às propostas liberais. Por outro lado, porém, tende a negar e superar o pacto liberal, uma vez que deve nascer dele uma totalidade análoga à dos organismos vivos, em que o indivíduo independente torna-se parte integrante do conjunto. Visto sob esse aspecto, o contrato assinala a passagem dos indivíduos da condição de 'inteiros' para a de 'frações', passagem essa que implica uma profunda reforma moral e jurídica da sociedade erguida sobre o princípio do útil pessoal. Tal reforma pode ser pensada, como faz Starobinski na esteira de Cassirer, como uma recuperação, em outro patamar, da transparência e unidade primitivas. Uma negação da negação, "que é a consequência de um julgamento moral e que apela para um absoluto ético" (ibidem, p.38-9).

O 'retorno' à harmonia originária opera-se, no plano da cultura, por uma ruptura voluntária com as tendências egoístas desenvolvidas naturalmente pela vida social, implicando não só uma reformulação jurídica, mas também um processo educativo. A seguir, procuramos, nos textos de Rousseau, os elementos que compõem essa 'recusa', fruto, por um lado, de um reencontro com o que é mais simples e próximo da condição natural, e por outro de uma intervenção racional, capaz de interromper e mudar as tendências espontâneas da história.

Sentimento e razão na nova ordem social: o corpo e o número

> Se a lei natural estivesse escrita apenas na razão humana, ela teria bem pouca capacidade para dirigir a maior parte de nossas ações, mas ela está gravada também no coração do homem em caracteres indeléveis e aí ela fala mais fortemente do que todos os preceitos dos filósofos.
>
> Jean-Jacques Rousseau

No Capítulo IV de *Emílio, ou da educação*, o filósofo genebrino disserta longamente sobre a piedade. Sentimento universal e inato de identificação com o outro, atuante em todos os homens independentemente do cálculo de interesses e, por isso, base sensível para a instauração de relações igualitárias de convivência, a piedade é suscitada pelo contato com o sofrimento, enquanto o espetáculo da felicidade provoca inveja, originando afastamento e conflito. Despojando o homem dos adornos da vida civilizada, a dor desvenda-lhe a fragilidade e finitude comum aos mortais, fazendo emergir nele a consciência da igualdade de todos diante da natureza, camuflada pelas diferenças sociais imperantes no mundo civilizado.

Na óptica rousseauniana, não só a consciência igualitária origina-se do sentimento de identificação suscitado pelas semelhanças, enquanto a diversidade necessariamente afasta e cria oposição, mas, sobretudo, o vínculo estabelecido entre piedade e sofrimento combina-se com a ideia de um universo humano mais autêntico e verdadeiro, constituído pelos que estão excluídos do jogo de interesses e paixões que dilacera a sociedade rica e culta, na qual o coração se nutre apenas de aparências.

A identificação dessa humanidade na obra de Rousseau não remete à imagem da floresta primitiva e do bom selvagem, mas à representação idealizada das sociedades nascentes e dos povos 'virtuosos' da Antiguidade. A metáfora da floresta indica com maior ênfase a anterioridade da existência individual em relação às formas comunitárias de vida e apenas secundariamente a tendência natural do homem à sociabilidade. Livres de qualquer vínculo de interdependência e submetidos às leis da necessidade natural, os seres estúpidos e solitários que vagam pela terra à procura de alimento e descanso assemelham-se como gotas de água, igualmente determinados pela uniformidade e monotonia do mundo natural. Não têm sequer, porém, noção da identidade de sua condição. A piedade, atuando no homem da floresta imediatamente, como um instinto, uma sensação repulsiva diante do sofrimento dos seres vivos, não constitui, ainda, um sentimento no sentido pleno, uma paixão propriamente dita, da qual possam nascer a atitude solidária e a consciência da igualdade humana. A independência e o equilíbrio que caracterizam o estado natural não são fruto de escolha, mas de determinações imediatas da natureza:

> As afeições sociais se desenvolvem em nós apenas com nossas luzes. A piedade, ainda que natural ao coração do homem, permaneceria eternamente inerte se a imaginação não a tornas-

se ativa. De que modo nos deixamos emocionar pela piedade? Transportando-nos para fora de nós mesmos, identificando-nos com o ser que sofre. Só sofremos enquanto pensamos que ele sofre; não é em nós, mas nele, que sofremos: imagine-se a quantidade de conhecimentos adquiridos suposta por tal transposição. Como poderia eu imaginar males dos quais não tenho nenhuma ideia? Como poderia sofrer vendo outro sofrer, se nem sequer soubesse que ele sofre? Se ignoro o que existe de comum entre mim e ele? Aquele que nunca refletiu não pode ser nem clemente, nem justo, nem piedoso. Tampouco pode ser mau ou vingativo. Quem nada imagina não sente mais do que a si mesmo: está sozinho no meio do Gênero Humano. (Rousseau, 1819, p.185)

No extremo oposto da história, no último apocalíptico degrau de decadência da civilização, encontramos novamente a solidão humana que se vincula, também aqui, à inércia da piedade. Sufocada pela razão calculista, que separa os homens de seus semelhantes, a voz da natureza permanece impotente, como indica a célebre figura do homem culto que tapa os ouvidos para não se emocionar com os gritos de socorro que vêm da rua (Rousseau, 1964e, p.156).

Segundo a interpretação de Starobinski, o modelo rousseauniano de vida feliz encontra-se igualmente afastado dos dois extremos da aventura humana no tempo, na "metade do caminho" entre a floresta primitiva e a cidade moderna (cf. Rousseau et l'origine des langues, in Starobinski, 1981, passim). Nos albores da vida social, a arte humana ainda não se desenvolveu a ponto de perverter a relação entre determinações objetivas e desejos: o caráter rudimentar dos instrumentos de trabalho faz com que a vida seja ainda fundamentalmente submetida aos ritmos ditados pela natureza. É possível afirmar que, estando determinados de forma quase imediata pela necessidade natural, igualmente submetidos às fadigas do trabalho físico, os homens das primeiras comunidades têm uma representação mais uniformizada do mundo. A imagem que formam do outro é semelhante à que têm de si próprios e traduz a mesma relação com o universo. Atuando como elemento totalizador nos agrupamentos humanos, a piedade prospera onde a manifestação subjetiva tem escassa diversificação.

O elogio aos povos que vivem mais próximos das necessidades efetivas impostas pela natureza é recorrente na obra de Rousseau. No *Discurso sobre as ciências e as artes*, ao fazer a apologia de Esparta e Roma antigas, o filósofo procura mostrar a vinculação entre os trabalhos manuais e o florescimento do vigor físico e das virtudes éticas, relacionando o proliferar das atividades artísticas e intelectuais à decadência. Ao longo do texto, as metáforas do vigor e da juventude são associadas aos povos e homens simples, rudes e dedicados aos trabalhos agrícolas e artesanais, enquanto as da velhice e da fraqueza representam as sociedades refinadas e cultas. Entre os agrupamentos humanos em que o trabalho e a austeridade vigoram como valores básicos e as modestas atividades da agricultura e do artesanato são a fonte de uma vida próspera e sem luxo para todos, o sentimento social desenvolve-se sem obstáculos e a harmonia do conjunto se faz naturalmente, enquanto o refinamento e o cultivo da vida intelectual trazem consigo o fim da dimensão ética da vida, como mostra a história da Grécia, onde o aparecimento dos pensadores e artistas trouxe o sumiço "das pessoas de bem" (Rousseau, 1964f, p.14).[11] A virtude dos homens nas sociedades mais próximas da natureza revela-se também na transparência de sua comunicação, que, ao impedir que os homens possam se enganar, "poupa-lhes muitos vícios" (ibidem, p.8).

Comentando o *Ensaio sobre a origem das línguas*, Starobinski julga que Rousseau reconhece na linguagem das sociedades primitivas a expressão da unidade que as caracteriza. A palavra

---

11 "Desde que os sábios começaram a aparecer entre nós, diziam os próprios filósofos, as pessoas de bem sumiram."

desses homens rudes e incultos não se separou do corpo do sujeito, enquanto o discurso do civilizado

é absorvido pela generalidade do significado, que deserta o sujeito falante, linguagem inteiramente tomada por sua função instrumental e seus fins exteriores, linguagem sem pessoa. (Rousseau et l'origine des langues, in Starobinski, 1981, p.375)

Em oposição à universalidade formal da linguagem moderna que *representa* – e oculta –, a fala do primitivo *expressa* de forma imediata o ser do sujeito. Parece lógico concluir que a unidade e transparência da comunicação linguística entre os povos primitivos traduzem o estado embrionário das diferenças e confrontos interindividuais. Ao contrário, a civilização e a cultura geram permanentemente diferenciações e conflitos, responsáveis pela cisão entre o ser e o aparecer. Em paralelo à oposição, na ordem do tempo, entre sociedades rudimentares e civilização culta, encontram-se, na sociedade contemporânea, duas espécies distintas de homens. De um lado, os que vivem mais próximos das leis objetivas da natureza e da sociedade e tendem a uma convivência igualitária e cooperativa: os pobres, os simples, os artesãos e camponeses; de outro, aqueles cuja existência rompeu o equilíbrio entre necessidade e querer: os ricos, os letrados, os poderosos. Enquanto a imaginação dos primeiros nutre-se das determinações objetivas do mundo real, os segundos quebraram o vínculo com a natureza e vivem inteiramente no mundo fantasmagórico inspirado pela imaginação e criado pela arte. Iludidos pelos poderes da indústria humana e pelos privilégios de sua situação social, estes se esqueceram de sua própria finitude e da condição miserável que sela a igualdade de todos os seres vivos. Ao contrário, os simples, afastados das determinações fictícias que governam a sociedade culta e rica, têm o coração livre para escutar a voz da natureza que lhes franqueia o acesso ao saber autêntico. Tornam-se, apesar de sua ignorância, mais aptos a desvendar a verdadeira ordem do mundo, além das aparências enganosas de que é feito o universo artificial dos civilizados.[12] Essa situação privilegiada deriva não apenas da existência frugal, mas também de sua condição de trabalhadores dedicados às atividades necessárias à sobrevivência. Isso é refletido pela 'economia política' de Rousseau, que realça o caráter social, e, portanto, moralmente obrigatório do trabalho:

> Fora da sociedade, o homem isolado não devendo nada a ninguém, tem o direito de viver como quiser; mas na sociedade, onde vive necessariamente a expensas dos outros, deve-lhes em trabalho o preço de seu sustento, isto sem exceção. Trabalhar é, portanto, um dever imprescindível ao homem social. (Rousseau, 1969, p.470)

A relevância – econômica e moral – atribuída pelo genebrino ao trabalho produtivo e a condenação da acumulação do excedente antecipam alguns dos pontos de vista anticapitalistas dos reformadores sociais do século XIX. Na sociedade o indivíduo

---

12 São várias as passagens de Rousseau que indicam a maior conformidade dos simples às leis da natureza. Em *Emílio*..., por exemplo, o filósofo afirma que o pobre não precisa de educação moral, porque sua própria condição se encarrega de tal tarefa. Por isso, escolhe um rico para discípulo: "... pelo menos teremos certeza de ter feito um homem a mais, enquanto um pobre pode se tornar homem por si próprio" (Rousseau, 1969, p.267). A proximidade maior dos pobres de uma vida natural estimula neles o desenvolvimento da piedade. Rousseau, ao referir-se, no II Discurso, ao "admirável talento" do filósofo para deixar seu semelhante ser assassinado sob sua janela, opõe a essa atitude a do *selvagem e da canalha*: "O homem selvagem não tem este talento admirável; carente de sabedoria e razão, abandona-se sempre, irrefletidamente, ao primeiro sentimento da Humanidade. Nos motins, nas brigas de rua, a populaça se ajunta, o homem prudente afasta-se: é a canalha, são as mulheres da rua, que separam os contendores, e impedem às pessoas honestas de se esganar" (Rousseau, 1964e, p.156).

reconstitui a relação que mantinha com a natureza no estado originário, integrando-se a um todo governado pela lei da necessidade. Baseada na distinção entre necessário e supérfluo, a economia política rousseauniana estabelece o valor dos produtos a partir de sua 'utilidade', condenando ao ostracismo não apenas os parasitas, mas também as profissões que nascem das exigências do luxo, da vaidade, da sofisticação dos gostos. Guiado por tal critério, o autor critica a baixa remuneração do trabalho manual nas sociedades modernas, onde "... há uma estimativa pública associada às diferentes artes em razão inversa de sua real utilidade" (1969, p.456).

Enfim, também no que diz respeito às formas de lazer, Rousseau redescobre no interior do mundo moderno elementos da mesma oposição vislumbrada entre os homens primitivos e os civilizados, separando, no espaço geográfico e social, a cidade do campo e a alegria autêntica da ilusória. Entre o rico banquete citadino e o frugal almoço campestre, Emílio não duvida em escolher o último. Sabe que no convite dos homens simples há correspondência entre a fala e a intenção real, enquanto na refinada sociedade citadina, até o mero ato de comer tornou-se espetáculo (cf. ibidem, p.463-5). Na ordem regida pelo princípio utilitário, em que tudo se transforma em instrumento de ganho e poder, apenas a linguagem popular mantém a transparência e a univocidade do significado.

O exame dessas oposições mostra que os elementos para a superação dos males da sociedade encontram-se na vida simples, já que nela se realizam as condições que, elevadas a princípio organizador, podem gerar a convivência igualitária e cooperativa: o trabalho social produtivo, a solidariedade independente dos cálculos do interesse, a fala unívoca e transparente. A combinação desses elementos produz a imagem de um todo similar a certa representação pacificada das unidades orgânicas, em que os membros cooperam funcionalmente, assemelham-se nas aspirações e são transparentes uns aos outros. Deve-se notar que

tal representação subjaz também ao ideal político e social rousseauniano: pequenos Estados baseados na produção do 'necessário' e na distribuição equilibrada dos bens, onde todos estão
permanentemente uns sob o olhar dos outros.[13]

Porém, embora as formas de vida e sensibilidade mais
elementares inspirem seu modelo social, o filósofo não duvida
de que apenas as Luzes podem erguer a nova ordem política.
Ainda que se mantenham, no interior das organizações sociais
modernas, bolsões mais próximos da unidade primitiva, a história dos homens mostra que, pela "ordem natural das coisas", as
sociedades tendem a se tornar agregados em que os indivíduos
e grupos mais fortes e talentosos organizam o todo de forma
vantajosa para si. As camadas que constituem o povo, que, por
circunstância e não por escolha, têm o sentimento de solidariedade mais atuante na vida cotidiana, não possuem suficiente
capacidade de abstração e generalização para transformá-lo em
princípio organizativo do social. Apenas a razão pode estabelecer
as proporções e medidas exatas que regulam o justo nexo entre
o todo e as partes. Não é por mero objetivo de ilustração que
Rousseau utiliza as figuras do número inteiro e da fração para
denotar a passagem do estado natural para o civil:

---

13 Em *Opinião pública e revolução*, Milton Meira do Nascimento observa que
o "olhar do outro" adquire, na doutrina rousseauniana, dois significados
contrastantes. Por um lado, a emergência desse olhar marca, nos albores da
história, o início do processo de alienação humana, caracterizado pelo afastamento das determinações efetivas da natureza e pelo mergulho no mundo
artificioso das aparências. Por outro, o olhar do público, entre os povos cujas
tradições e costumes ainda não estão corrompidos, é um poderoso instrumento de conservação da virtude (Nascimento, 1989). As considerações de
Nascimento nos lembram o paralelo que Rousseau estabelece entre o hábito
da censura e recriminação pública na Roma republicana e o da delação na
época imperial. É possível inferir que, enquanto o olhar do povo 'censor'
reflete – e repõe – a transparência das relações sociais na cidade virtuosa, o
do delator simboliza a decadência e depravação do mundo governado pelas
aparências (cf. Rousseau, 1820, p.159-60).

Os arquitetos da ordem anárquica

O homem civil não é senão uma unidade fracionária que resulta do denominador, e cujo valor está em sua relação com o inteiro, que é o corpo social. (Rousseau, 1969, p.249)

Nesta e em outras passagens, as metáforas matemáticas e geométricas sucedem-se às biológicas para representar a relação entre todo e partes na sociedade. Por exemplo, ao explicar a diferença entre o 'bom' e o 'mau', o autor diz: "Enquanto este se faz o centro de todas as coisas, o outro mede seu raio e se orienta pela circunferência" (ibidem, p.602). Se no coração revela-se de forma imediata a unidade do gênero humano, só o intelecto pode estabelecê-la por uma norma universal e inteligível de justiça, medindo as relações exatas entre direitos e deveres. A piedade, sem o guia esclarecedor da razão, é incapaz de distanciar-se das afeições mais próximas e das emoções imediatas e o homem dominado por ela corre o risco, também, de perverter a ordem moral justa, socorrendo os maus em prejuízo do bem comum.

O sentimento só pode estar de acordo com a justiça se os homens tiverem conhecimento da exata relação entre cada unidade fracionária e o denominador comum, cientes de que, para concorrer à felicidade de todos "... é necessário ter piedade de nossa espécie mais do que de nosso próximo" (ibidem, p.548). Portanto, a ordem social justa configura-se como aquela em que interesse e dever se equilibram de forma que garanta a segurança e prosperidade de todos. Enquanto no estado de natureza o equilíbrio entre amor de si e piedade era determinado pela atuação imediata das leis naturais, no estado civil ele só pode nascer da superação do contrato fundado exclusivamente no cálculo egoísta. Interesse e dever têm de se reequilibrar em justas proporções, o que implica a construção de um novo 'corpo social', isto é, de uma nova relação entre público e privado. Trata-se de uma reforma na moral e no direito, possibilitada pela união da 'inocência' do povo com a arte

55

de homens intelectual e moralmente superiores, imunes às tentações do egoísmo, que encarnam em si a 'razão pública'. Com efeito, embora a condição de vida e de trabalho das camadas populares as torne mais aptas a compor uma ordem justa, por sua maior pureza moral, elas podem errar por ignorância. Por isso, para que sua tendência espontânea ao bem se transforme em vontade política, torna-se necessária a intervenção dos sábios.

> Numa palavra, é a ordem melhor e mais natural aquela em que os mais sábios governam a multidão, quando se tem certeza que irão governar para o bem dela e não em proveito próprio. (Rousseau, 1964a, p.404)

Assim, a ação fulgurante do legislador, o "mecânico que faz a máquina", funda a ordem social, enquanto o governante sábio garante sua continuidade. Nessas figuras fundem-se conhecimento e virtude, tão frequentemente dissociadas entre os homens comuns. Já no *Discurso sobre as ciências e as artes*, o autor acusava o conhecimento de ser desagregador do social, na medida em que desencadeia a competição e o parasitismo e introduz o privilégio dos talentos e o aviltamento das virtudes. Porém, ao mesmo tempo, resgatava o papel dos sábios que põem sua ciência a serviço do bem comum, os únicos capazes de levar os homens a agir bem por sua livre vontade. Configura-se assim, desde os primeiros escritos filosóficos, a concepção, de memória platônica, do intelectual devotado à cidade, para o qual saber e inteligência se tornam meios para o cumprimento de uma missão superior: a submissão ao interesse público, tornando-o um ser quase divino, reverte seu papel negativo de desagregador da sociedade para transformá-lo em elemento essencial da ordem.

A fusão da virtude e da razão produz a sociedade como uma obra de arte que *imita* as totalidades orgânicas, sem, porém, jamais poder reproduzi-las de modo perfeito.[14] O perfil econômico e político do Estado originário do novo pacto mostra que o equilíbrio entre dever e interesse depende de uma reforma jurídica e moral voltada a fortalecer a coesão do todo, permanentemente posta em risco pela autonomia das partes.

Em primeiro lugar, a regulamentação da propriedade privada visa impedir que a diferenciação excessiva de poder econômico gere conflito no interior da sociedade. Não se trata, evidentemente, de um contrato pelo qual o interesse e a independência privados sejam extintos. Ao contrário, o autor salienta que, ao trocar sua liberdade natural pela vida civil, os indivíduos querem garantir sua vida e suas posses. Cada sujeito contratante visa então a uma *troca* vantajosa. O contrato 'legítimo' diferencia-se porque nele as perdas e os ganhos de cada um são *rigorosamente* iguais. Nesse sentido, corrige as distorções da própria natureza, igualando, por convenção e direito, aqueles que diferem por força e inteligência (cf. Rousseau, 1964a, p.367). A delimitação da propriedade privada pelo poder público, assim como o desestímulo ao comércio e o incentivo a uma economia autossuficiente voltada para necessidades básicas, visa recuperar, pelo

---

14 Salinas Fortes, referindo-se à importância da metáfora organicista na teoria rousseauniana, lembra que, embora imperfeita, em razão de ser a sociedade o fruto do artifício, tal imagem representa a continuidade entre o homem natural e o civil. A determinação do indivíduo pela ordem originária é substituída por sua integração a um novo todo, igualmente determinante, em que o equilíbrio entre vontade e potência se dá em nova chave. "A grande ambição de Rousseau seria assim de *naturalizar* a sociedade ou de fazer deste todo artificial um todo formalmente análogo ao todo natural. Seu paradoxal *coletivismo* tira sua raiz da lógica que faz da Natureza um paradigma e da sociedade um *simulacro* da natureza. A comparação da sociedade com um organismo natural é, de fato, uma comparação inexata. Trata-se apenas de uma metáfora, pois a sociedade não é natural. Mas esta metáfora tem importância fundamental, pois a natureza é efetivamente o modelo por excelência de que a sociedade aspira a ser cópia" (Fortes, 1976, p.83).

artifício jurídico, a igualdade de condições que, nas sociedades primitivas ou pouco desenvolvidas, garantia a semelhança e a empatia entre os membros. Compatível com a independência de cada produtor proprietário, a prosperidade de uma nação configura-se como o estado

> em que todas as coisas necessárias à vida se encontram reuni-das no país em quantidade tal que cada um com seu trabalho possa acumular facilmente o que é necessário à sua manutenção. (Rousseau, 1964g, p.524)

Torna-se claro, aí, que a igualdade definida pelo direito e pela convenção no novo contrato assume como critérios a austeridade e o trabalho, em oposição àquele que garante o livre jogo competitivo das forças e dos talentos.

Em segundo lugar, as leis nascem do exercício direto da democracia política, única forma de garantir que sejam expressão imediata da vontade popular. Rousseau opõe-se à delegação dos poderes legislativos, porque, em sua óptica, toda forma representativa de poder propicia a organização – e ocultamento – de interesses específicos, desencadeando o processo que distorce a relação entre todo e partes.[15] Aliás, tal possibilidade está sempre presente, já que a reforma política não implica por si só uma transformação radical da natureza humana. Rousseau oscila permanentemente entre a crença na reconciliação entre interesse e o dever e o pessimismo diante do papel desagregador da razão calculista. Essa ambiguidade irresolvida se faz manifesta em sua proposta política. Nesta, o critério do voto para aferir as decisões da 'vontade geral' não constitui um meio para administrar

---

15 Em escritos posteriores, como as "Considerações sobre o governo da Polônia", Rousseau abandona a proposta de democracia direta em favor de assembleias representativas. Salinas Fortes considera que esta mudança de posição deve-se à passagem da "teoria à prática" (cf. Fortes, 1997, passim).

de forma pacífica as inevitáveis divergências de opiniões e interesses entre os cidadãos, mas visa tornar visível e quantificável "o que todos já sentiram", "transformar em lei o que cada um já resolveu fazer", "sem necessidade de contendas nem de eloquência" (Rousseau, 1964a, p.437). Consequentemente, simplicidade, clareza, unanimidade devem estar no poder, e as leis devem ser a expressão unívoca da unidade moral do povo, a cristalização jurídica da 'vontade geral', entendida como aperfeiçoamento racional do sentimento originário de unidade. Nessa acepção, supõe-se que os sujeitos políticos atuem sempre como 'frações membros' do corpo social. No entanto, em várias passagens de *Do contrato social*, a atitude pessimista ou 'realista' a respeito da natureza humana se faz explícita, como, por exemplo, nas considerações a respeito da viabilidade de exercício direto do poder executivo pelo povo. Rousseau afirma que essa forma de ordenamento político só seria possível em uma comunidade de cidadãos absolutamente virtuosos. A submissão integral do homem ao cidadão, o perfeito equilíbrio entre interesse e dever, no entanto, é contra a ordem natural: "Se existisse um povo de Deuses, este se governaria democraticamente. Um governo tão perfeito não convém a homens" (ibidem, p.406).

Uma vez que o conflito entre dever e interesse nunca se resolve no interior da consciência, sendo sempre possível que a voz do egoísmo fale mais alto que a norma moral, não há efetividade em leis sem coação. Por isso cabe ao Estado impedir a organização pública dos interesses privados pela proibição das correntes de opinião e dos partidos políticos. Tal medida, necessária para evitar que o conflito de interesses subjacente a toda divergência inviabilize o corpo social, não impede evidentemente que as paixões egoístas atuem na formação da vontade geral. Porém, no argumento de Rousseau, as forças individuais não organizadas acabam se equilibrando reciprocamente sem interferir na estabilidade social (cf. ibidem, p.371). Vista desse ângulo, a harmonia do 'corpo' resulta de uma combinação involuntária de seus componentes e se mantém pela aplicação de meios coercitivos, que interferem na "ordem natural das coisas".

A necessidade de coerção configura a fragilidade dos corpos artificiais que, contrariamente aos orgânicos, se mantêm com a ajuda de mecanismos externos – e às vezes opostos – à dinâmica espontânea de seus componentes. Rousseau detecta, lucidamente, que a fragilidade da ação coercitiva consiste no fato de que ela atinge apenas o que aparece, enquanto a vontade íntima foge ao seu controle; por isso, a educação torna-se o principal desafio da *arte* política e consiste em suscitar a adesão voluntária dos cidadãos à razão pública. Por meio dela, as relações sociais tornam-se cada vez mais transparentes, inteiras, sem mistérios. Tal empreendimento, pelo qual o corpo artificial visa imitar mais eficazmente seu modelo orgânico, consiste em suscitar o amor à lei, desenvolvendo e potenciando os elementos de unidade e transparência ainda presentes nos costumes, nas tradições e nas formas de vida do povo. Uma tarefa que se torna particularmente árdua, no mundo moderno, em que os homens distanciaram-se de tal forma da natureza que, como a estátua de Glauco,[16] tornaram-se quase irreconhecíveis. Por isso, apenas por um desígnio sapiente do intelecto os governantes poderão restabelecer no interior dos homens a correspondência entre ser e aparecer, tornando-os unos e transparentes (cf. Rousseau, 1964g, p.510-1), criando condições para o enfraquecimento do Estado como conjunto de instrumentos coercitivos, em direção a uma sociedade que, analogamente aos complexos biológicos, se organiza por si própria, de forma autônoma.

O dirigismo verticalista do Estado substituído pela democracia direta, a dissolução do exército em favor das milícias de cidadãos, assim como a delimitação drástica da propriedade

---

16 A metáfora da estátua encontra-se em Rousseau, 1964e, p.122.

privada e uma produção orientada pelas necessidades *reais*, comprovam, segundo Clara Metelli, a presença de componentes coletivistas e anárquicos no modelo político e social de Rousseau. Do mesmo modo, para Baczko, a crítica às formas burocráticas e repressivas de Estado e a proposta de gestão autônoma da sociedade pelo conjunto de seus membros mostram o caráter inovador e libertário do modelo rousseauniano. Ambos reconhecem, também, nele, uma grande valorização do potencial regenerador das camadas populares (cf. Baczko, 1974; Metelli, 1971).

Em contraste com essas interpretações que realçam o aspecto democrático e socializante da teoria rousseauniana, identificando nela a superação do individualismo burguês e acentuando o papel por ela atribuído ao elemento popular e espontâneo no processo transformador, outros comentadores, como Lebrun e Salinas, relativizam tais aspectos, o primeiro assinalando a 'raiz hiperindividualista' de *Do contrato social*, o segundo indicando a importância primordial das elites na implantação do novo modelo.

Em linha com os comentários precedentes, pode-se afirmar que, embora não supere radicalmente o fundamento utilitário, na medida em que os indivíduos aderem ao pacto para defender mais eficazmente sua vida e suas posses, a reforma proposta pelo "Contrato social" implica a regulamentação política das relações econômicas: as leis devem impedir o crescimento excessivo de fortunas privadas e desestimular drasticamente a produção do supérfluo. Nesse sentido, a reforma, embora vise, fundamentalmente, estender a todos o direito à liberdade e à posse dos bens, acaba freando o desenvolvimento do diverso e o progresso das artes e ciências, no esforço de reduzir as desigualdades e conflitos responsáveis por dilacerar o 'corpo social'. Como assinala Iring Fetscher, Rousseau, um conservador se acentuarmos os elementos passadistas e uniformizantes de sua obra, pode ser considerado um precursor do socialismo, se entendermos a homogeneização como instrumento para construir a igualdade social.[17] Ou um liberal--democrata, se acentuarmos os componentes individualistas.

No que diz respeito aos agentes da reforma, embora esta se inspire nas comunidades artesãs e camponesas, em que as relações tendem a harmonizar-se por si próprias, sua efetivação nas sociedades modernas exige um planejamento racional, capaz de estabelecer precisamente as relações 'justas' entre partes e todo, entre 'raios e circunferência'. Essa inteligência ordenadora, que se opõe ao cálculo utilitário, se objetiva nas leis e se encontra plenamente desenvolvida apenas em indivíduos moral e intelectualmente extraordinários, capazes de superar as determinações da sensibilidade e razão pessoais, identificando-se cabalmente ao todo. Rousseau, ao tratar das diferenças entre o pai de família, chefe de uma sociedade natural, e o estadista, orquestrador de um corpo artificial, afirma que, enquanto para o primeiro basta consultar o coração para agir bem,

> o outro se torna um traidor no momento em que escuta o seu; mesmo sua razão deve parecer-lhe suspeita; ele não deve seguir outra regra senão a razão pública, que é a lei. A natureza fez uma multidão de bons pais de família, mas é duvidoso que, desde que o mundo existe, a sabedoria humana tenha chegado a fazer dez homens capazes de governar seus semelhantes. (Rousseau, 1964h, p.243-4)

---

17 Fetscher, 1972, p.222. "Cabe a nós criar uma nova homogeneidade mediante a socialização de todas as propriedades, de modo a reencontrar, num plano mais elevado, aquelas condições preliminares de cuja existência Rousseau fez depender as possibilidades de um ordenamento republicano; aliás, as condições serão ainda mais favoráveis na medida em que terá desaparecido qualquer causa de desvio da vontade dos indivíduos em relação à geral. Se suprimirmos em Rousseau os elementos construtivistas, descobrimos um filósofo puramente conservador; se ampliarmos tais elementos, teremos um socialista."

Cabe a essa minoria capacitada para elaborar e tornar efetivas as leis votadas pelo povo manter o equilíbrio entre as forças independentes, não só zelando pela maior homogeneização dos interesses e atividades econômicas, mas, também, desenvolvendo nos cidadãos o sentimento natural de sociabilidade, canalizando-o para o Estado. A educação pública deve imprimir na mente dos cidadãos a imagem das justas proporções entre o todo e as partes, suscitando o amor por ela em seus corações. Dessa forma, visa-se contrabalançar a força das paixões e cálculos egoístas, que estão sempre, na "ordem natural das coisas", em razão inversa do dever público, treinando os homens "... a enxergar desde cedo sua individualidade sempre em relação ao corpo do Estado e a perceber sua própria existência como parte integrante da vida deste" (ibidem, p.259-60).

Curiosamente, na figura do estadista parecem compor-se as duas imagens que subjazem ao modelo político rousseauniano: a do equilíbrio dos opostos, que remete ao seu fundamento individualista; a da totalidade orgânica, relacionada à perfeita integração entre os membros. Os personagens centrais desse modelo são, de um lado, o indivíduo independente, que entra na sociedade por interesse, e, de outro, o povo, em que a piedade atua mais vigorosamente como elemento totalizador. Nem a razão dos indivíduos, subordinada às paixões egoístas, nem a tendência espontânea, mas pré-política, do povo à integração comunitária são suficientes para construir a justa relação entre público e privado. Ao primeiro falta vontade, ao segundo, Luzes:

> Os particulares enxergam o bem que recusam: o público quer o bem que não enxerga. Todos necessitam igualmente de direções: é preciso obrigar os primeiros a conformar sua vontade à razão, é preciso ensinar o segundo a saber o que quer. Só assim resulta das Luzes públicas a união do entendimento e da vontade no corpo social, decorrendo daí o exato concurso das partes, e,

enfim, a força máxima do todo. Eis de onde nasce a necessidade do legislador. (Rousseau, 1964a, p.380)

A expressão "ensinar o segundo a saber o que quer" sugere a transitoriedade da missão dos indivíduos excepcionais, necessária até o momento em que o povo, enfim esclarecido, passe a gerir a política autonomamente, encarnando a razão pública e obrigando os particulares a submeter-lhe seus interesses. Ao realçar o papel pedagógico do legislador, Rousseau parece trilhar o caminho inaugurado pela ala mais democrática das Luzes, para quem a convivência humana justa e livre não é o resultado de uma ciência ordenadora do real, monopólio exclusivo de uma minoria culta, mas da obra incessante de uma razão crítica e analítica, voltada a desenvolver a "faculdade de julgar" nas massas populares, franqueando-lhe o acesso ao conhecimento. Sem dúvida, ao identificar na instrução pública e na divulgação da alta cultura os principais instrumentos para emancipar o povo da ignorância e superstição, os iluministas partiam do pressuposto de que a grande maioria dos homens encontrava-se imersa na escuridão, sendo tarefa dos sábios e cientistas esclarecê-los. Em contraste com essa óptica, que desvaloriza drasticamente a experiência, os saberes e as crenças populares, Rousseau enaltece as formas de trabalho e vida dos pobres, a ponto de afirmar, em *Emílio...*, que o pobre não precisa de educação, por viver mais próximo do estado natural, portanto, de suas leis. No entanto, a análise das propostas educacionais supostamente elaboradas para suprir a insuficiência de Luzes do povo, esclarecendo-o sobre "o que quer" e extinguindo, dessa forma, a necessidade do Legislador para garantir o 'acerto' da vontade geral, evidencia, a nosso ver, que a dissonância das teses do genebrino com o racionalismo das Luzes reside menos na valorização romântica do saber popular e mais no papel atribuído a cada um dos atores na condução do Estado. Com efeito, as políticas públicas propostas em seus escritos para a educação e a cultura não indicam a perspectiva de esclarecimento discursivo e aprimoramento intelectual, imprescindível, na óptica das Luzes, para tornar efetivo o exercício da soberania, mas, sim, a busca da coesão do corpo político pelo fortalecimento do sentimento de identificação dos cidadãos com o todo: a razão pública não se espalha entre as multidões, continua apanágio dos indivíduos excepcionais. Estes, únicos capazes de medir com precisão as proporções entre as frações e o inteiro, dirigem a paixão cega do povo pelo bem comum, garantindo "o exacto concurso das partes" e a "força máxima do todo". No opúsculo *Considerações sobre o governo da Polônia...* (Rousseau, 1964i), elaborado em 1771 como um projeto de reforma para os patriotas poloneses, após consulta com o conde Wierlhorski, Rousseau desenvolve propostas decididamente contrárias a uma instrução pública que fortaleça o intelecto, em favor de uma educação cívica dirigida a colocar a pátria no fundo dos corações. Afirmando, na abertura, que "nunca haverá Constituição boa e sólida a não ser aquela em que a lei reinará no coração dos cidadãos" (ibidem, p.955), procura mostrar que apenas a ritualização da vida pública garante que os cidadãos sintam e queiram ao uníssono, aderindo à lei sem reservas nem divergências de opiniões, tornando, dessa forma, a República, um corpo indissolúvel.

Mais uma vez o filósofo encontra no passado o modelo ideal, opondo a grandeza dos povos e legislações antigas aos modernos, governados por mesquinhos interesses: Moisés, Licurgo e Numa não se limitam, como os contemporâneos, a fazer leis, mas fundam povos, vinculando indissoluvelmente os cidadãos entre si, nas cerimônias religiosas nacionais, nos jogos e exercícios militares públicos, nos espetáculos destinados a manter viva a memória dos ancestrais. Baseando-se na experiência desses povos, Rousseau recomenda, para a reconstituição da nação polonesa, o planejamento de celebrações, festas, solenidades que reúnam todos os membros do país, inflamando-lhes o coração de paixão pela pátria, e, concomitantemente, a proibição das formas de *amusement*, que, como os espetáculos teatrais, distraem e isolam o indivíduo, fazendo-o esquecer do bem comum. Na mesma linha, a educação pública deve concentrar-se na criação do espírito nacional, ensinando as ações dos homens ilustres, a história e a geografia do país, os exercícios físicos, a ser executados regularmente sob o olhar do povo.

A ideia, central nesse texto, de que o governo dos homens depende de uma educação moral capaz de dominar suas paixões, associada ao abandono da proposta de democracia direta, parece abalizar as interpretações de quem reconhece nele o momento de passagem da teoria à prática, em que o escritor político, curvando-se diante de uma realidade que demanda soluções imediatas, adia para um futuro longíquo e nebuloso a proposta de uma sociedade autogerida.

No entanto, essa interpretação subestima, a nosso ver, o pessimismo de Rousseau em torno da possibilidade de fundar o bem público sobre a autonomia de uma razão capaz de distinguir entre direitos e deveres, "no silêncio das paixões". O nexo estabelecido por ele entre o passado, o presente e as proposições para o futuro mostra que, "na ordem natural das coisas", as paixões egoístas acabam sufocando, sempre, a sensibilidade social, subordinando o intelecto aos seus desígnios. Tal certeza, que permeia os escritos em que relata a história humana e aqueles em que polemiza mais diretamente com a civilização contemporânea, está presente, também, em *Do contrato social*, onde o desestímulo às ciências e artes, necessário para impedir a excessiva diferenciação de talentos, rendas e produtos, combina-se à proposta de uma religião civil e de uma censura pública destinadas a forjar e garantir a moral coletiva, anunciando o projeto explicitado nas *Considerações... Até* mesmo em *Emílio...*, obra aparentemente afastada das questões mais prementes que geram os textos políticos, voltada a traçar diretrizes para a educação doméstica de uma criança rica e destinada a viver na sociedade vigente, é possível reconhecer, no percurso pedagógico construído pelo preceptor, uma intervenção similar à dos arquitetos das políticas educacionais imaginadas para a sua utopia estatal. Concebida como um "laboratório do homem novo", realizada no campo, longe da vida falsa e frívola da metrópole, em contato com os hábitos simples dos camponeses, a educação de Emílio tem um caráter anti-intelectual, opondo às abstrações dominantes na cultura livresca em favor da observação direta e de um conhecimento elementar das ciências e artes úteis a uma vida laboriosa e modesta. Ao longo da trajetória educativa, a imperceptível onipresença do preceptor, não apenas na escolha dos métodos e conteúdos da instrução, mas na manipulação de situações cotidianas, prevendo e mudando variáveis aparentemente inscritas na "ordem natural" das coisas, vai moldando um adulto apto, do ponto de vista técnico e moral, a exercer com virtude as funções de pai, produtor e cidadão. Detentor do conhecimento das leis da natureza, o preceptor, sem castigos nem demandas pessoais, conduz seu pupilo a submeter a vontade às normas universais que governam ambos. Torna-se, dessa forma, uma autoridade absoluta, inquestionável e, sobretudo, invisível. Em contraste, Emílio, inteiramente transparente ao seu olhar, incorpora paulatinamente ensinamentos vindos da experiência do mundo, alterada pela intervenção científica que isola, seleciona e controla as infinitas variáveis atuantes na determinação dos acontecimentos; a cada nova descoberta, o preceptor amigo o ajuda a descobrir verdades, com suavidade e ponderação, suscitando seu amor e confiança incondicionais. Bem-sucedida em aprisionar o coração de Emílio, a pedagogia parece confirmar as palavras de seu propositor:

não tem nenhuma forma de sujeição tão perfeita como aquela que tem a aparência da liberdade; captura-se, desta forma, a vontade ela mesma. (Rousseau, 1969, p.362)

Patrizia Piozzi

Vivendo de forma autêntica e exemplar ao lado de seus contemporâneos corrompidos e escravos da opinião imperante, Emílio adulto tem um perfil similar ao dos habitantes da cidade ideal: autônomo em relação às arbitrariedades ditadas pela vontade subjetiva, permanece em situação de heteronomia e menoridade diante de sua educação, incapaz de julgar seus métodos e escolhas.

Por essas razões, mesmo sem desconsiderar os aspectos fortemente inovadores da pedagogia exposta em *Emílio*... e sua importância na crítica e desconstrução das "monstruosidades" presentes no estado social e nos métodos educativos tradicionais, torna-se difícil concordar com as interpretações que reconhecem nela uma arte destinada a franquear a sensibilidade e o pensamento do juízo das opiniões dominantes e do cálculo egoísta, tendo como ideal regulativo o arquétipo do homem natural, livre e harmonizado consigo mesmo e com o semelhante.

Apesar do caráter privado e de seus diferentes objetivos, a educação de Emílio, centrada no ensino de um *metier*, de noções simplificadas das ciências e artes e, sobretudo, dos deveres do homem, revela uma grande coerência com sua utopia republicana, na qual o povo soberano aprende a amar as constituições justas sem, porém, avaliar seus conteúdos nem as razões últimas que inspiram seus arquitetos. Estes levam adiante sua obra redentora em Estados jovens, que, como os indivíduos recém-nascidos, estão ainda incontaminados pela sociedade metropolitana: sua missão não consiste em democratizar o conhecimento produzido pelo processo civilizatório, mas em reproduzir as condições subjetivas ideais para impedir o desenvolvimento ilimitado da perfectibilidade humana, responsável pela tragédia histórica. Trata-se, para eles, de *interromper* tempos, *determinar* espaços, mantendo, onde ainda for possível, entre os sujeitos, a relativa homogeneidade propícia ao florescimento dos sentimentos sociais, tornando-os ainda mais efetivos pela sua organização em espetáculo público. Por esse

68

quadro é possível concluir que, se tem razão Starobinski ao argumentar que Rousseau extrai o remédio do mal (cf. Starobinski, 1991), fazendo depender a reconquista do equilíbrio originário das mais sofisticadas formas da reflexão e imaginação, cristalizadas na lei, na educação e na cultura, deve-se lembrar que a arte de legislar e formar para o 'bem' tem efeito apenas se dirigida a 'povos' mais próximos da vida da natureza, ainda não corrompidos pelo crescimento sem regra das paixões egoístas: similarmente aos Estados em que floresce, sua obra é simplificadora e, consequentemente, simplificada, produzindo uma quantidade reduzida de leis, normas morais, conhecimentos úteis, em contraste com a proliferação e desenvolvimento infinito de jurisdições, preceitos, vãs especulações criadas pelo homem histórico. Apenas mediante esse paradoxal artifício do intelecto é possível perpetuar um universo de cidadãos produtivos e virtuosos no qual a justa competição e troca entre talentos e esforços permaneçam em limites compatíveis com a harmonia do todo. Portanto, não só o âmbito do remédio é limitado, mas ele próprio torna-se rudimentar. Como a medicina platônica, tem caráter preventivo e nada pode fazer para sanar a doença plenamente instalada. Para os centros nevrálgicos da civilização avançada, apenas uma situação extrema, de revoluções e crises, possa, talvez, inaugurar uma nova era, fazendo-os renascer dos "braços da morte".

Tal quadro põe em xeque a decodificação, corrente, do pacto redentor rousseauniano a partir da oposição entre a bondade natural do homem e as instituições sociais corruptoras, encontrando nela o fundamento antropológico do contrato social. Como visto anteriormente, para alguns dos intérpretes que abalizam o caráter nuclear dessa oposição no pensamento do genebrino, o projeto de criar um corpo político capaz de conciliar liberdade, igualdade e cooperação prenuncia as teses socialistas e autogestionárias, expressando-se em imagens idealizadas do passado, como a primitiva 'idade de ouro', ou a 'cidade ética antiga', em razão da insuficiente visibilidade, na época, das potencialidades transformadoras inscritas na sociedade industrial moderna. Na óptica assumida aqui, a modernidade profética de Rousseau consiste, sobretudo, no pessimismo em torno do potencial libertador do progresso científico e da razão discursiva, no desencanto com os rumos da sociedade moderna, rigorosamente coerentes com sua concepção antropológica e filosofia da história, segundo as quais a oposição não se localiza entre a natureza humana essencialmente boa e a sociedade má, mas entre o 'estado de natureza' e o 'estado social'. A ordem natural, assim como os agrupamentos sociais que lhe se assemelham, são estados passageiros, cuja sobrevivência depende de determinantes externos e circunstanciais, como o escasso desenvolvimento técnico e científico, e a relativa uniformidade das condições de vida. À medida que a perfectibilidade humana se torna ativa, inundando o mundo natural de artefatos materiais e simbólicos, a disputa entre as paixões egoístas torna-se o princípio organizador das associações humanas, condenando o sentimento inato de identificação com o outro à paralisia e inoperância.

Se se considerar, então, que o desfecho trágico da aventura do homem na história é consequência necessária, na óptica de Rousseau, da crescente expansão de suas faculdades, responsável por alimentar incessantemente os pendores egoístas na relação social do 'ter' e do 'aparecer', a hostilidade do filósofo ao avanço das luzes e a correlata pobreza intelectual de seus projetos de educação pública encontram um lastro antropológico, à medida que fortalecer as potencialidades naturais dos indivíduos acarretaria, inevitavelmente, o enfraquecimento da coesão do todo. Se o povo, que não sabe, mas quer o bem geral, empreender o caminho da instrução técnica e científica, como queriam os enciclopedistas, tenderá a se fracionar e dissolver em um conjunto diferenciado de particulares que "sabem e não querem", transformando o todo no campo da disputa das partes e alimentando o crescimento desmesurado da desigualdade social, com a inevitável derrota e submissão dos mais fracos. Em outras palavras, renasce a cabeça da hidra. Ancorada na concepção pessimista da natureza humana e no diagnóstico apocalíptico do avanço 'natural' da história, a vontade geral da democracia rousseauniana exige, para não errar, a *perpetuação* da arte dos sábios e da menoridade intelectual das multidões.

A necessidade do legislador e do educador – para suprir a insuficiência do povo e dos particulares – revela, na teoria rousseauniana, a presença de problemas que serão centrais nas doutrinas da reforma e revolução anticapitalista emersas ao longo do século XIX, principalmente naquelas que acentuam seu caráter antiestatal. Entre os mais intrigantes, o que diz respeito à capacidade do homem moderno de superar as determinações do puro interesse que informam a sociedade e a cultura mercantis, criando formas de vida coletiva em que a igualdade e a liberdade resultem da cooperação voluntária. Em segundo lugar, o que concerne à identificação dos meios, advindos da experiência e/ou da ciência, capazes de esclarecer a maioria pobre, privada durante séculos do acesso ao conhecimento, para o exercício efetivo da soberania e autonomia.

2
Utopias comunitárias no século XVIII: Morelly e Dom Deschamps

No belíssimo ensaio em que trata das representações utópicas no século XVIII, Bronislaw Baczko assinala que a vontade de redimir a civilização moderna dos males que a afligem e de erguer uma 'boa vida' coletiva está presente nas mais variadas formas do imaginário social, constituindo um marco do 'espírito do tempo'. A busca de um modelo ideal de convivência humana evidencia-se não só na proliferação de textos redigidos nos moldes tradicionais da literatura utópica, narrando viagens a um país feliz e/ou elaborando projetos para um governo justo, mas, também, na abundância de imagens e ideias para a reforma social em uma imensa quantidade de escritos e documentos pertencentes seja à cultura douta, seja à popular (cf. Baczko, 1979, passim).

A esse respeito, lembra o comentador, a bibliografia especializada no assunto registra cerca de 80 relatos de viagens imaginárias, publicados na França entre 1676 e 1789, número que apresenta um crescimento impressionante, chegando a mais de 2 mil textos, se forem consideradas as múltiplas e diferentes projeções utópicas presentes na literatura da época (ibidem, p.41).

A imagem de homens livres e iguais que vivem fraternalmente em comunhão de bens, sem leis nem governos, representa, em geral, o ideal de sociedade entre as correntes progressistas da época, fascinando inclusive escritores políticos como Voltaire, Montesquieu e Diderot, que nunca defenderam a abolição da propriedade e do Estado, circunscrevendo suas propostas de reforma do poder ao âmbito de um despotismo esclarecido, fiscalizado por uma opinião pública letrada, ou de uma monarquia constitucional inspirada no modelo vigente na Inglaterra após a Revolução Gloriosa.

De modo análogo, Charles Rihs, em seu livro sobre os utopistas do século XVIII, chama a atenção para essas 'antinomias', lembrando, por exemplo, o descompasso entre o ideário social elitista de Voltaire e suas observações, feitas ao historiar os costumes, a respeito da felicidade dos povos do Novo Mundo e das tribos africanas que ignoram "o meu e o teu" (cf. Rihs, 1970, p.14). Na mesma linha, Montesquieu, rígido defensor do 'espírito das leis' em sua obra principal, retrata com entusiasmo, nas *Cartas persas*, a organização social do pequeno reino árabe dos Trogloditas, onde todos trabalham jocosa e espontaneamente pelo bem comum (ibidem, p.29-30). Além das divagações utópicas suscitadas pela investigação geográfica e histórica de culturas não europeias, os homens das Luzes empreendem também a aventura filosófica, suspensa entre o real e o imaginário, como a viagem a Bougainville, de Diderot (Baczko, 1979, p.42), ou o Eldorado, em *Cândido*, visões de paraísos onde os homens vivem felizes, sem brigas pela riqueza e pelo poder e, por isso, sem necessidade de instituições coercitivas.

A tensão entre a utopia comunitária e libertária e o realismo político e social adquirem tons dramáticos nos pensadores mais radicais e contundentes na crítica da sociedade moderna, empenhados em pôr no centro de sua reflexão o combate aos desmandos dos ricos e poderosos.[1] Mably, considerado pelos estudiosos do tema o mais importante e influente dos filósofos utopistas depois de Rousseau, atribui à fundação da propriedade a origem de todas as infelicidades dos homens, opondo-lhe o ideal da comunidade primitiva e das utopias coletivistas da cidade antiga e renascentista. No entanto, na passagem para as proposições concretas de reforma, abandona a perspectiva comunitária e democrática, almejando um modelo societário em que a delimitação – e preservação – da propriedade e das rendas privadas e o controle das trocas comerciais se fazem sob a direção de uma minoria culta. Similarmente, como visto no capítulo anterior, Rousseau, ao inscrever o sonho primitivista em uma conceituação antropológica e histórica rigorosa, denuncia a ilegitimidade do contrato que ergue o Estado em defesa da propriedade, colocando a origem de ambos no âmago da tragédia da civilização. Porém, nas obras em que vislumbra o modelo societário 'justo', não advoga senão a contenção dos interesses – e propriedade – privados em limites compatíveis com o bem e a paz sociais; da mesma forma, o alcance democrático de sua proposta de um governo baseado na soberania popular fica enfraquecido pelo papel atribuído aos sábios na condução das multidões.

Como lembra Rihs, as propostas comunitárias mais coerentes dessa época foram formuladas por escritores desconhecidos, que viveram obscuramente, na província, longe dos grandes embates intelectuais em curso na metrópole parisiense, trabalhando em contato com a dura realidade do povo. Entre eles, o padre Jean Meslier (1664-1729), o monge beneditino Dom Deschamps (1716-1774) e o misterioso Morelly,[2] identificados,

---

1 Os trabalhos de Baczko (1979) e Rihs (1970) constituem a principal fonte para as informações e considerações sobre Mably e Meslier.

2 Devido ao mistério que ainda hoje envolve a vida de Morelly, não é possível estabelecer as datas de seu nascimento e morte.

por uma ampla literatura consagrada, como os utopistas, conquistaram, ao longo dos séculos XIX e XX, um lugar na árvore genealógica das correntes comunistas e anárquicas engajadas na busca de alternativas para o capitalismo industrial. No dia da morte de Meslier, ocorrida em 1729, alguns anos antes que o maior empreendimento intelectual e editorial do século, a *Enciclopédia*, começasse a divulgar amplamente as críticas ao catolicismo e ao absolutismo monárquico de direito divino, foi descoberto, entre seus papéis, um manuscrito no qual expunha seus secretos sentimentos e ideias "sobre uma parte dos abusos e dos erros da conduta e do governo dos homens" (Rihs, 1970, p.107). O surpreendente "testamento", em que um aparentemente tranquilo padre de província negava qualquer veracidade às crenças religiosas, desenvolvendo pontos de vista ateus e materialistas, suscitou o interesse dos homens das Luzes, sendo citado por Voltaire e D'Holbach. Estes porém não fizeram menção às demolidoras críticas, nele contidas, com relação à desigualdade social e política imperante nos Estados civilizados, nem à sua retórica apaixonada insuflando as massas populares à revolta contra as injustiças.

Ao longo do século XIX, Meslier foi ignorado pelos principais expoentes do comunismo e anarquismo revolucionário, passando a ser citado pelas esquerdas militantes e acadêmicas apenas no novecentos. O desconhecimento de seu explosivo texto por aqueles que combatiam nas fileiras da Revolução social em sua época mais promissora, talvez possa ser associado ao fato de que o extremo radicalismo de suas investidas contra o *status quo* não produz nenhuma teorização sobre suas possíveis alternativas. A esse respeito, comentadores abalizados como Baczko, Ehrard e Rihs convergem em considerar que seu sonho de uma convivência humana sem propriedade nem governo, baseado em núcleos artesanais e agrícolas unidos por laços fraternais, traz ressonâncias da comunidade primitiva ou monacal, sem elaborar, porém, uma imagem clara e detalhada do modelo projetado no plano ideal. Por essa razão, a configuração vaga da comunidade almejada aparece ao lado do elogio à república comercial holandesa e do reconhecimento de que a igualdade natural não pode ser mantida no estado social, cabendo, aos que lutam em prol da justiça, restringir seu combate aos nefastos excessos produzidos pelas inevitáveis relações de desigualdade e subordinação entre os homens.

Diferentemente de Meslier, Morelly e Dom Deschamps, contemporâneos dos enciclopedistas e de Rousseau, elaboraram utopias comunitárias alicerçadas em uma concepção precisa da natureza humana e do processo civilizatório e de seus mais 'odiosos' produtos, a guerra comercial e o Estado. Embora ambos sejam lembrados com certa frequência nos manuais sobre anarquismo, a cidade utópica de Morelly, citado por Babeuf, Louis Blanc e Proudhon, teve certa repercussão entre as correntes reformadoras da Revolução Francesa e do século XIX, enquanto o texto[3] em que Deschamps expunha a visão de uma comunidade agrária absolutamente rudimentar, sem ciências nem artes, não teve divulgação pública até a sua redescoberta em 1865.

Apesar dessas diferenças em sua fortuna crítica, a relevância de ambos os autores na gênese do socialismo anárquico deve--se menos a uma influência direta e mais aos desdobramentos teóricos de seu ataque à propriedade e ao Estado, que revela grande afinidade com o ideário rousseauniano, sobretudo no que diz respeito à visão apocalíptica do homem e da sociedade produzidos pela luta entre os interesses privados.

Suas proposições para o futuro, porém, divergem bastante das de Rousseau, uma vez que não reconhecem, como ele, a anterioridade e primazia da dimensão individual sobre a coletiva. Enquanto o pacto rousseauniano, baseado nessa concepção

---

3 *Le vrai système ou le mot metaphysique et morale* [O verdadeiro sistema ou a palavra metafísica e moral].

antropológica, reconhece na propriedade privada o fundamento da vida civil, atribuindo ao poder público o direito de delimitá--la em função das necessidades de paz e prosperidade do 'todo' social, conjugando, assim, o equilíbrio dos opostos à totalidade organicamente constituída, para Morelly e Deschamps a sociedade não é o resultado de uma convenção entre seres independentes que optam pelas vantagens da vida em comum. Ao contrário, o coletivo é anterior ao particular, que não tem existência independente. Operando uma inversão radical na relação estabelecida pelas teorias contratualistas entre indivíduos e sociedade, concebem a última como uma unidade indivisível. Tal inversão os conduz a outra reviravolta. A propriedade privada deixa de ser legitimada como um direito natural: a posse sobre o próprio corpo e sobre o fruto do trabalho não tem sentido se os seres particulares forem considerados partes indivisíveis de um todo que os constitui. Consequentemente, a propriedade torna-se responsável pelo rompimento dos vínculos sociais, já que fragmenta e transforma o que era uma totalidade harmônica e articulada em um agregado de forças desiguais e opostas, cuja unificação passa a fazer-se fora – e contra – de seu movimento próprio. Assim, a redução, ou até mesmo a supressão pura e simples da máquina estatal, dando lugar a uma associação autogerida pelo conjunto de seus componentes, está essencialmente vinculada à abolição da propriedade.

Este capítulo analisa, nos textos mais conhecidos dos dois filósofos 'menores', de que *forma* a nova ordem articula a relação entre o particular e o universal e *quem* opera e perpetua tal rearticulação.

A "cidade comunitária" em Morelly

Sabe-se pouco sobre Morelly, chega-se a duvidar de sua existência, da autenticidade do seu nome, da autoria das obras hoje formalmente identificadas como suas, parte das quais alguns atribuem a um também misterioso Morelly filho, supostamente continuador de seu trabalho. Sem comprovação cabal, a suposição predominante entre os exegetas de Morelly indica que viveu como professor na província, tendo publicado em 1740 e 1743 dois escritos sobre educação e, respectivamente em 1753 e 1755, as obras que lhe garantiram um lugar entre os arquitetos de utopias: *Basiliade* (cf. Morelly, 1753), poema heroico em que se narra a viagem ao imaginário e maravilhoso reino de Pilpai, onde cidadãos e governantes nada possuem, e o famoso *Code de la nature* [Código da natureza], projeto de refundação das relações sociais vigentes, atribuído por mais de 50 anos a Diderot, e citado pelos maiores expoentes das doutrinas socialistas e comunistas da 'era das revoluções', entre os quais Babeuf, Marx, Engels, Proudhon.

Gilbert Chinard, num pequeno ensaio sobre a trajetória intelectual de Morelly, identifica na *Basiliade* o rompimento do autor com as concepções predominantes entre os homens das Luzes. Enquanto nas obras anteriores[4] Morelly filiava-se às teses de Helvetius e Holbach, fazendo do amor de si o fundamento da vida social, na *Basiliade* constrói um sistema comunitário, cuja coesão é selada por sentimentos imediatos de afeição recíproca, independentes de qualquer cálculo ou conveniência. Dessa forma, o poema assinalaria, na trajetória morelliana, a recusa da ordem erguida sobre as determinações do útil pessoal, revalorizando a "comunidade mística de irmãos", inspirada na tradição cristã (Chinard, 1950, p.59). Essa concepção, que questiona os fundamentos antropológicos da "associação dos interesses", permite estabelecer, sempre segundo Chinard, uma continui-

---

4 O autor refere-se especificamente às obras sobre educação: "Essai sur l'Ésprit Humain ou Principes naturels de l'éducation" e "Essai sur le Coeur Humain ou Principes naturels de l'éducation", publicados em Paris, respectivamente, em 1743 e 1745 (Cf. Chinard, 1950).

Patrizia Piozzi

dade entre a doutrina morelliana e a filosofia moral inglesa dos séculos XVII e XVIII, divulgada entre o público francês pelos comentários de Diderot à tradução de uma importante obra de Shaftesbury, publicada em Amsterdã em 1745.[5] Retomando e desenvolvendo as teses de Cumberland, Shaftesbury fazia das afeições altruístas o fundamento da unidade da espécie:

> Demonstramos que as afeições de qualquer criatura tinham uma relação constante e determinada com o interesse geral de sua espécie. Esta é uma verdade que fizemos tocar com o dedo, no que diz respeito às inclinações sociais, tais como a ternura paterna, a tendência à propagação, a educação das crianças, o amor da companhia, a gratidão, a compaixão, a conspiração mútua nos perigos, e outras semelhantes. Deve-se convir que é tão natural à criatura trabalhar para o bem geral de sua espécie, quanto a uma planta carregar seu fruto, e a um órgão ou qualquer parte do nosso corpo tomar a extensão e a forma convenientes à máquina inteira.[6]

Está claro aí que as afeições sociais constituem o vínculo por excelência entre os indivíduos pertencentes à mesma espécie, articulando-os num sistema orgânico harmonioso. Esse mesmo modelo de totalidade inspira a construção comunitária da *Basiliade*, e nisso consiste o sentido da comparação proposta por Chinard. Porém, afirmar, como ele, que a ordem social figurada no poema repousa sobre o amor e a fraternidade parece insuficiente, já que nela os afetos brotam internamente à divisão

---

5 "A teoria de Cumberland havia sido retomada com modificações por Shaftesbury, e apresentada ao público francês por Diderot, um ano após a tradução do *Tratado filosófico de Leis Naturais*. *Os princípios filosóficos da filosofia moral ou Ensaio sobre o mérito e a virtude, com reflexões* foram efetivamente publicados em Amsterdã por Zacharie Châtelain, em 1745" (Chinard, 1950, p.70).

6 Chinard (1950) comenta que este pensamento de Shaftesbury, extraído da obra citada na nota 5, atraiu particularmente a atenção de Diderot (cf. p.70).

específica do trabalho e produto sociais, que a natureza propicia e a arte política realiza, em uma perfeita fusão entre organismo e máquina.

No reino de Pilpai, o país utópico de Morelly, os vínculos comunitários entre os cidadãos são mantidos por uma ordem jurídica regulamentadora das atividades econômicas segundo critérios – quantitativos e qualitativos – que aliam as necessidades gerais às diferenças de capacidade e de inclinações. Soma-se a isso uma política distributiva rigorosamente igualitária. A comunidade dos bens configura-se como um princípio racional e inteligível de organização, capaz de produzir unanimidade, em oposição ao interesse privado, cuja lógica leva ao choque das vontades, transformando as diferenças naturais em desigualdade social:

> pode-se demonstrar que a comunidade de todos os bens, de todos os recursos, fundada entre uma unanimidade geral, sabiamente administrada, pode reunir os homens mais eficazmente que os tristes motivos dos interesses particulares, que os mantêm sujeitos a medos frívolos, esperanças e pontos de vista bastante limitados, empreendimentos tímidos, intrigas baixas, ocupando-se exclusivamente dos cuidados, ansiedades e penas do crescimento de sua fortuna, os quais pouco influem sobre o bem da sociedade. Estes tormentos os desanimam em relação ao trabalho por causa do pouco que obtêm disso! Como! O comércio, dir-se-á, que liga os cidadãos e os Povos da terra, fundado sobre os interesses particulares, não é uma fonte fecunda de comodidades, delícias, riquezas, magnificência, indústria, bom gosto, polidez? Sim, mas nem um terço dos homens tira disso proveito; ao restante dos homens sobram o trabalho e as inquietudes, tendo mal e mal o suficiente para não morrer de fome. (Morelly, 1753, p.72)

O "feliz reino de Pilpai" assemelha-se, mais do que a uma comunidade espontânea de irmãos, a uma organização política planificada, onde a continuidade com a ordem natural é medida pela ciência e garantida pela lei. Nesse sentido prefigura o sistema comunitário descrito no *Código da natureza* (1755), obra em que se explicitam os fundamentos lógicos e históricos subjacentes à ficção de 1753.

Invertendo o pressuposto das teorias contratualistas, em que o indivíduo constitui a unidade natural, no "Código" Morelly concebe os agrupamentos sociais – desde os mais elementares, como a família e as tribos primitivas, até as mais complexas organizações do mundo moderno – como unidades anteriores e constitutivas dos indivíduos e grupos que as compõem. Nessa óptica, a cooperação e a ajuda mútua não nascem de uma escolha ditada pela conveniência, mas realizam a necessidade – interna – de produção e reprodução do todo. O desenvolvimento sem obstáculos da tendência natural dos indivíduos a "tomar a extensão e forma" necessárias ao funcionamento do social não inibe, ao contrário, realiza a liberdade individual, "da mesma forma que a dependência dos órgãos não é, em um corpo animado, uma falta de vigor" (Morelly, 1970, p.80-1). No entanto, na sucessão histórica, a unidade orgânica do social realiza-se naturalmente, sem obstáculos, apenas nas comunidades primitivas. Nestas, a proximidade física e os laços consanguíneos exercem um papel concreto de atração recíproca, atuando diretamente na sensibilidade e deixando aparecer à imediatez dos sentidos a unidade do social.

Baseando-se nos relatos dos viajantes a respeito dos povoados americanos e nas lendas e narrativas sobre os povos antigos, o autor infere que a comunidade familiar é a forma originária de organização social entre os homens, na qual o governo paterno sustenta-se exclusivamente no vínculo afetivo, ou, em suas palavras, na "doce autoridade que lhes torna todos os bens comuns e não se reserva a propriedade de nada" (ibidem, p.68).

A comunidade primitiva, em que os fundamentos naturais da vida social estão imediatamente visíveis, desmembra-se em

Os arquitetos da ordem anárquica

consequência de fatores acidentais. As populações crescem, necessitam emigrar, encontram dificuldades na ocupação de novos lugares. Nesse processo, os homens separam-se, dividem seus bens, disputam espaços; as funções sociais multiplicam-se e sua interdependência oculta-se aos sentidos. A continuidade do sistema comunitário passa a depender da intervenção dos que enxergam, para além da imediatez dos sentidos, a verdadeira estrutura do 'cosmos' social. Em outras palavras, torna-se uma tarefa da ciência política. Esta deve forjar instrumentos precisos de regulamentação da vida comum, de modo que os corpos artificiais resultantes de sua intervenção tornem-se, como os nossos modernos androides, imunes aos acidentes que ameaçam destruir os modelos que imitam.

Levando em conta as próprias preferências científicas de Morelly, poderíamos dizer que o trabalho dos governantes se parece com o do matemático: este libera os corpos físicos do contingente e particular, desvelando a pureza de sua estrutura. Da mesma forma, os arquitetos da cidade humana, ao regulamentar a produção pelo critério da *proporcionalidade* dos talentos, a distribuição pela *igualdade* das rendas e as relações de propriedade pela *unidade* do corpo social, tornam inteligível a estrutura interna das relações sociais, obscurecida pelas contingências históricas. Tal tarefa, lamenta Morelly, teria sido fácil no momento em que a desagregação da comunidade primitiva era ainda incipiente:

> Seria então fácil a seus sábios estabelecer suas leis sobre os verdadeiros fundamentos da natureza. Ainda estavam visíveis e sem ruptura esses sólidos fundamentos hoje em dia tão difíceis de restaurar: quando os encontrassem em algum lugar, alterados pelos acidentes que podiam arrefecer as afeições sociais, deviam trabalhar para restabelecê-los fazendo reviver as afeições. Exatos observadores do que ditam esses sentimentos, comentadores consequentes de suas primeiras leis, podiam estendê-las, mas conservando toda a sua pureza originária. (ibidem, p.79)

83

Entretanto, intervindo tarde, a inteligência política, investida da tarefa de dar continuidade à ordem natural, comete o erro que provocou o rompimento entre natureza e sociedade. Ao fundar o direito civil na divisão dos bens, os legisladores destruíram a unidade do 'corpo social', erguendo-a sobre o equilíbrio dos opostos.

Essa transformação atinge o âmago das relações comunitárias, tornando inútil a criação sucessiva de "milhares e milhares de leis" à procura de maior estabilidade, já que "... todo equilíbrio é um estado violento que o menor peso rompe facilmente" (ibidem, p.85). Destruindo a condição básica para o desenvolvimento da liberdade, o regime gera necessariamente relações desiguais e arbitrárias entre os homens, independentemente da forma política em que se expressam. Não pode haver liberdade para todos em uma *multidão* inorgânica de indivíduos, que apresenta

> uma discordância tão variada e complicada entre as vontades, que, no meio de milhares de pessoas, é difícil encontrar dez que entrem num acordo a respeito de um objeto útil. (ibidem, p.89)

Morelly reconhece que, no sistema baseado na propriedade privada, as democracias constituem a melhor forma de governo, por propiciarem um maior equilíbrio. No entanto, a lógica do interesse individual, combinando-se com as desigualdades naturais de força e talento, gera formas cada vez mais acentuadas de desequilíbrio, que se expressam politicamente nas aristocracias e monarquias. A reconquista da liberdade não está, portanto, condicionada à mudança na forma de governo, mas ao fim do regime de propriedade e do equilíbrio que o sustenta. Para isso, o autor convoca os povos para um novo pacto que, mantendo todas as conquistas da vida civilizada, remodele as relações sociais segundo a ordem da natureza, imutável em sua estrutura. No sistema comunitário assim surgido, o direito e a educação efetivam as leis naturais a que os primitivos obedeciam espontaneamente, imprimindo à cooperação e aos sentimentos o caráter de obrigações sociais. O poder público concentra em suas mãos os instrumentos punitivos e pedagógicos necessários à perpetuação do regime contra as ameaças vindas do 'acidental' e do 'imprevisível'.

A imagem do Estado que, ordenado pela razão científica, regulamenta, controla e molda as relações sociais, sobrepõe-se à da organização espontânea que produz a *ordem* por um movimento autogerado. No entanto, as regras universais impostas por aqueles instrumentos não se encontram em *oposição* à dinâmica social. Pelo contrário, garantem que esta flua sem obstáculo. O Estado limita-se a *aperfeiçoar* uma ordem natural que lhe é anterior.[7] Essa relação orgânica entre governo e cidadãos desvenda o sentido do pacto morelliano: o povo reconhece a capacidade superior dos governantes e compromete-se a obedecer, desde que estes orientem sua atuação pelos princípios verdadeiros. Caso contrário, cabe ao povo destituí-los. Portanto, o contrato que delega a uma elite de sábios o poder de fundar e perpetuar uma nova ordem supõe que esta esteja, como ideia geral, plenamente representada na consciência dos contratantes e formulada por sua vontade. Em outras palavras, supõe que o povo seja o portador do Universal, ainda que não

---

7 A esse propósito, diz Morelly na *Basiliade*: "... suas leis (da natureza) são curtas, precisas, enérgicas, uniformes e constantes; o coração humano seguirá sempre com prazer suas sábias direções, se nada de estranho vier modificar a beleza dos mandamentos divinos. A evidência de suas decisões não necessita de novas luzes: monarcas! Não queiram ser os intérpretes delas, mas os conservadores". O papel puramente administrativo do Estado é a base da harmonia existente no reino de Pilpai onde "... as funções da monarquia eram as de indicar os momentos e aquilo que seria mais adequado fazer para o bem comum, tratava-se apenas de coordenar os movimentos de uma unanimidade sempre constante" (Morelly, 1753, p.48 e 41, respectivamente).

tenha competência para traduzi-lo em um ordenamento jurídico preciso.

Nas poucas páginas do *Código*... dedicadas à explicação do novo pacto, o autor não dá indicações que permitam inferir os elementos que sustentam essa imagem. Em outras passagens, no entanto, é possível perceber que Morelly reconhecia, como Rousseau, que a simplicidade e inocência do povo carregam a continuidade da vida autêntica das comunidades primitivas. Em apaixonadas investidas contra a "razão calculista", opõe as virtudes da sensibilidade, capaz de desvendar a ordem natural de forma imediata e segura, às pretensas luzes do intelecto, sempre passível de transformar-se em astuto orador das paixões egoístas:

em mil oportunidades, vossos erros, vossas loucas opiniões opõem-se às sábias impressões da natureza, o coração sente suas indicações imediatas e seguras, parece rir-se do vão pedantismo do espírito que enxerga falsamente. (ibidem, p.106)

Por outro lado, como racionalista convicto, não deixa de apontar os limites de uma sociabilidade praticada sem reflexão, por isso sujeita a se corromper, como mostram os relatos da idade de ouro, inevitavelmente destinada a desaparecer.

A combinação operada por Morelly entre Estado centralizador e movimento natural da sociedade fez com que suas ideias fossem reivindicadas por correntes rivais entre os propositores da revolução social na França dos séculos XVIII e XIX. A proposta de comunismo rigidamente igualitário fascinou Babeuf e, mais tarde, inspirou a utopia icariana de Cabet.[8] Por outro

---

8 Babeuf que, como a maior parte dos contemporâneos, atribuiu a Diderot o *Code de la Nature*, refere-se longamente a essa obra em seu pronunciamento de defesa diante da corte de Vendôme, elogiando sua proposta de comunidade dos bens. Quanto a Cabet, inspirou-se diretamente no *Code* para sua utopia *Voyage en Icarie*, em que descreve uma sociedade rigida-

Os arquitetos da ordem anárquica

lado, Pierre-Joseph Proudhon, inimigo jurado do estatismo comunitário, lamentou que Babeuf não tivesse percebido que, no fundo da opinião de Morelly, estava a negação do Estado (cf. Proudhon, 1979a).

A nosso ver, a observação de Proudhon é correta se entendermos que, no sistema morelliano, os governantes são meros executores das leis comunitárias e, como tais, permanentemente submetidos ao julgamento e controle populares. No entanto, deve-se frisar que não se trata, aqui, de uma ampliação democrática do princípio liberal, já que o povo não é concebido como um conjunto de indivíduos com opiniões e interesses diferenciados que procuram uma norma comum de convivência, auferível pelo voto majoritário, mas como uma totalidade homogênea que, como portadora do Universal, julga *unanimemente*. Ambos, governantes e povo, são veículos de uma verdade superior. Assim, o caráter autoritário da teoria morelliana reside menos na proposta de controle comunitário e estatal sobre os indivíduos, e mais na fundamentação da ordem social numa autoridade inquestionável da natureza. Proudhon, que fez críticas contundentes às concepções comunitárias, acusando-as de dissolverem a individualidade na onipresença do coletivo, fazia, no entanto, parte do mesmo ideário no que diz respeito à fundação da ordem social sobre a unanimidade dos membros em torno de leis imutáveis da natureza. É o que procuramos mostrar mais adiante.

Dom Deschamps: o "olhar metafísico"

"A palavra do enigma metafísico e moral", subtítulo da principal obra de Dom Deschamps, torna explícito o caráter de

___

mente igualitária e comunitária. Essas informações encontram-se em Rihs, 1970, p.178-93.

profecia que lhe atribuiu seu autor. Monge beneditino, aliava aos estudos teológicos e filosóficos um grande interesse pela renovação intelectual trazida pelas Luzes. Manteve correspondência com Helvetius e Rousseau e contatos pessoais com Diderot e D'Alembert. Nesses encontros, buscava a colaboração da *intelligentsia* para divulgar suas ideias. Porém, seus repetidos esforços não tiveram sucesso. D'Alembert considerou suas "elucubrações metafísicas" uma volta à forma de pensamento pré-cartesiana. Diderot mostrou-se entusiasmado pela originalidade e audácia de seu sistema, sem, no entanto, levar adiante nenhum tipo de intercâmbio cultural. Rousseau, assustado com o radicalismo da obra, desaconselhou sua publicação e desinteressou-se. O manuscrito permaneceu no anonimato até 1864, quando Emile Beaussure, um hegeliano professor da Universidade de Poitiers, o descobriu na Biblioteca Municipal da cidade.[9] Vinha à luz, mais de um século depois de ter sido escrita, a obra que Diderot dizia ser uma das

mais originais que conheço. É a ideia de um estado social à qual se chegaria partindo do estado selvagem, passando pelo estado civil. Saindo deste, ter-se-ia a experiência da futilidade das coisas mais importantes, compreendendo-se enfim que a espécie humana será infeliz enquanto houver reis, padres, magistrados, um 'meu' e um 'teu', as palavras vício e virtude. (Diderot, Lettres à Sophie Volland, p.279, apud Rihs, 1970, p.213)

As palavras de Diderot sintetizam a grande reviravolta preconizada por Deschamps, que pretendia concluir a demolição iniciada pelos *philosophes*. Estes, a seu ver, depois de terem desvendado a falsidade da moral religiosa, que mantém os homens na ignorância e no medo ocultando as verdadeiras causas da riqueza e do poder, identificaram o fundamento das relações

---

9 A fonte para essas informações foi Rihs, 1970, p.206-15.

sociais no interesse individual, dando nova legitimidade às instituições responsáveis pela desigualdade e divisão humanas. Permaneceram na metade do caminho. Perturbaram a ordem social, quando se tratava de subvertê-la e destruí-la cabalmente, única forma de fazer brotar de novo a união voluntária do gênero humano.[10]

Segundo Deschamps, os *philosophes* enxergam o universo pelo olhar do 'físico': prisioneiros das aparências do mundo empírico, interpretam a natureza como um aglomerado de seres independentes, movidos por determinações mecânicas. Seu argumento, para mostrar o engano da filosofia natural de seu tempo, recorre à clássica divisão entre o 'olhar' dos sentidos e o do entendimento.

> Não há ninguém para quem a filosofia natural não afirme que o universo existe como ser. Mas não existem senão seres, dizem os filósofos, ou, para falar sua linguagem, senão indivíduos: mas esses indivíduos são inteiramente ligados uns aos outros, para os olhos do entendimento, ainda que pareçam separados ao olhar do corpo. (Dom Deschamps, 1963, p.71)

Ao "olhar do entendimento", a relação entre os seres que habitam o universo revela-se, mais uma vez, análoga à que existe entre as partes de um organismo, que, sob a aparente multiplicidade de suas forças, compõem um único ser, idêntico a si mesmo. O autor infere daí que a existência do homem tem dimensão dupla: a física, que o constitui em sua especificidade, e a metafísica, que o eleva ao universal (cf. ibidem, p.82-3).

---

10 Dom Deschamps. "Le mot de L'énigme metaphysique et morale appliqué à la théologie et à la philosophie du temps par demandes et par réponses". Aos cuidados de B. Baczko e F. Venturi, in *Dix-huitième siècle*, n. 4 e 5, Paris, 1973 e 1974. O texto citado e a indicação bibliográfica foram extraídos de Baczko, 1979, p.114.

A breve e sumária incursão nas críticas de Deschamps à filosofia natural dos adeptos das Luzes justifica-se na medida em que tais 'elucubrações metafísicas' serviam-lhe para fundamentar filosoficamente uma proposta de renovação social que liquida a diversidade.

Enquanto a reforma morelliana preserva a complexidade e riqueza da vida civilizada, buscando uma rearticulação entre as capacidades, talentos e inclinações, Deschamps constrói seu *verdadeiro sistema* sobre a destruição cabal do gênero 'indivíduo'. Uma vez que a desigualdade social origina-se, em sua óptica, das diferenças naturais entre os talentos e inclinações, no mundo novo deve desaparecer, junto com a propriedade, a complexa divisão do trabalho gerada pelo desenvolvimento das ciências e das artes. A progressiva multiplicação e sofisticação das atividades humanas é fruto da irracionalidade dos homens, governados pelo princípio desagregador da diferença e da independência.

O sistema a ser instaurado deverá fazer *tabula rasa* até mesmo dos artefatos da cultura passada, para que o espetáculo de seus produtos não perturbe a nova humanidade. As representações da consciência deverão refletir exclusivamente as relações e os objetos gerados numa forma de vida em que a particularidade tende a dissolver-se no idêntico: uma comunidade agrícola e artesanal em que instrumentos rudimentares e operações primárias produzem o estritamente necessário. Esse sistema de produção e troca extremamente simplificado permitiria a rotatividade total e contínua das funções, inibindo a diferenciação entre os produtores, fonte permanente de desigualdade e conflitos sociais.

Enquanto o espetáculo dos luxuosos e sofisticados produtos da arte alimenta a avidez e a vaidade, aprofundando as divisões entre os homens, a visão sempre igual dos mesmos objetos permanentemente reproduzidos pelo trabalho comum e intercambiável traduz para os sentidos a imagem – metafísica – da unidade do todo na identidade das partes, extinguindo o conflito na consciência:

A imagem da ordem e da harmonia, sempre reproduzida em suas ações e operações, os impressionaria bem mais deliciosamente do que nós os somos pelas artes. Teriam o gosto seguro e mais ou menos uniforme, porque os objetos de seu prazer estariam na natureza, nos costumes e não concentrados na arte, como os nossos. (ibidem, p.181)

A identidade e unidade do todo se expressa também na comunicação. Na medida em que o verdadeiro está presente de forma imediata nos atos de cada um, a linguagem que o expressa não necessita dos recursos lógicos e retóricos que tornam tão complexas as línguas de nossas sociedades, em que servem às opiniões e interesses múltiplos. Enfim, para que nada seja dissonante na orquestra monocórdica do *Verdadeiro sistema*, a uniformização penetra no âmbito das relações pessoais, dissolvendo toda e qualquer nuance nos sentimentos que aproximam e afastam os corações humanos. A extinção da família e o comunismo sexual evitam os perigos que nascem da privatização das emoções. Na monotonia indiferenciada do sentimento de identificação que une cada um a todos indistintamente, desvanecem-se também as variações e contrastes emocionais:

"Não se riria nem se choraria no *état des moeurs*; o ar sereno estaria geralmente difuso sobre todos os rostos, que teriam mais ou menos as mesmas formas..." (ibidem, p.162)[11]

Os membros do *état des moeurs* perdem a dimensão individual e passam a veicular, no tempo e no espaço finitos, a perenidade e identidade do todo que os constitui. Apagam-se, diante de seus olhos iluminados pela 'reta razão', as diversidades físicas e espirituais de idade, força e talento, e todos revelam-se

---

11 Nota do autor.

absolutamente iguais. Reconciliados por completo com a natureza e com seus semelhantes, não precisam mascarar seus sentimentos. Livres dos padres, dos governos e dos magistrados, também desconhecem os tormentos dos conflitos morais, por isso podem olhar uns para os outros com inteira confiança, seguros de que nenhum propósito secreto se esconde atrás das falas e dos rostos amigos.

Paradoxalmente, a identidade de interesses e inclinações realizada por uma organização social inculta e primitiva deriva do mais alto desenvolvimento da vida do espírito, liberta das determinações particularizantes do mundo físico. Tal combinação justifica-se, visto que Deschamps reconhece nas organizações elementares a manifestação – visível – da estrutura ontológica do universo. Em sua ótica, a resolução do enigma moral, isto é, o fim da desigualdade e conflitos sociais, depende da descoberta – pelo olhar metafísico – do caráter único e idêntico de todos. Os homens são política e socialmente iguais por serem essencialmente idênticos e, por serem idênticos, constituem um único ser. Somando ao argumento metafísico a imagem da totalidade, oriunda da biologia, Deschamps concebe a sociedade verdadeira como um ser moral constituído de partes iguais que se integram perfeitamente.

Ao longo da história humana, vista como o caminho da loucura e ilusão resultantes do olhar corpóreo, encontram-se, entretanto, formas de vida social que se norteiam pela cooperação simples no trabalho e pela ajuda mútua. As comunidades patriarcais primitivas, perpetuadas na vida dos artesãos e camponeses, componentes do moderno *bas-peuple*, configuram, aos olhos do filósofo, microcosmos que tendem a realizar espontaneamente a forma universal da sociedade. Essa constatação não leva, no entanto, a identificar no povo o redentor da humanidade. Vegetando na ignorância e na tranquilidade de sua existência simples, faltam-lhe capacidade e vontade de transformação. Cabe aos homens cultos, originários das camadas sociais privilegiadas, generalizar e levar ao grau de perfeição as formas de vida populares. Eles unem ao hábito de pensar, que os afasta da imediatez dos sentidos, o desgosto e a angústia das almas sensíveis diante dos males da vida civilizada em que estão imersos. Nasce daí a paixão revolucionária.

Prefiguração imaginária de certos revolucionários do século XIX, emerge do *verdadeiro sistema* uma vanguarda de intelectuais que abandonam sua condição privilegiada para dedicar-se a conduzir a humanidade rumo à nova ordem. No entanto, a visão do homem culto, *condottiere* do processo transformador, não se traduz em Deschamps na proposta de um governo de sábios. Distancia-se de Rousseau e prenuncia, de certa maneira, Bakunin. Seus intelectuais são pregadores, ou melhor, "educadores": arrancam o véu que separa os homens da verdade. Uma vez desvendada, esta se instaura pela própria evidência, criando imediatamente o consenso:

> Todos dariam voz um ao outro em pleno acordo e a coisa iria por si, ou, se quisermos, o grito se levantaria de modo uníssono, a voz sairia de todas as bocas ao mesmo tempo. (Dom Deschamps, Demondes et réponses, apud Venturi & Thomas, Notes et éclaircissements, in Dom Deschamps, 1963, p.205)

A palavra dos guias tem sobre as massas o efeito de esclarecimento. Por isso, no *état des moeurs*, o verdadeiro, visível a todos, não precisa garantir sua efetividade por instrumentos coercitivos nem mesmo ser reposto pela educação. A 'reta razão' está de tal forma incorporada aos corações e mentes dos membros da sociedade que estes vivem em regime de total igualdade e comunidade 'naturalmente', numa eterna repetição do mesmo.

Em que pese a distância entre a sua *rêverie* agrarista e a complexidade das sociedades modernas, o pensamento de Deschamps contém elementos de crítica à *forma mentis* da sociedade burguesa, cujas ressonâncias se propagaram, por várias

Patrizia Piozzi

vertentes, em formulações teóricas e políticas posteriores. Ainda que não haja dívida direta para com Deschamps, podemos reconhecer tais traços mesmo no ideário contemporâneo que pensa o universo dos artefatos tecnológicos e industriais pela óptica da alienação.[12] Retomando e levando ao paroxismo as concepções rousseaunianas, o *Verdadeiro sistema* pretende trazer à tona o lado destruidor da razão científica e da cultura liberal; põe, dessa forma, sob suspeita a oposição simples entre luz do saber e obscurantismo religioso a que, segundo realça Roberto Romano, se prendiam os companheiros de Voltaire, Diderot, Helvetius, Condillac (Romano, 1973, p.21). Dom Deschamps alerta seus contemporâneos para a 'desrazão' do programa que, ao pretender erigir sobre a natureza o poder das artes e da ciência, sancionou e aprofundou as diferenças 'físicas' entre os homens e desencadeou desejos artificiais, instaurando dessa forma o conflito no cerne da sociedade. Vista sob essa luz, a doutrina 'metafísica' configura-se como instrumento para uma missão fundamentalmente política. Deschamps a emprega para negar radicalmente a razão individualista, vigente no mundo civilizado, opondo-lhe outra razão – essencialmente diversa –, que opera na esfera do universal, livre das determinações particularizantes e fragmentadoras do mundo tal como aparece aos 'olhos do corpo'. Nesse sentido, a destruição total das diferenças

---

12 Marcuse, por exemplo, em sua famosa obra sobre o 'homem unidimensional' das sociedades industriais avançadas, mostra a irracionalidade de um sistema que faz do progresso científico e tecnológico um meio de domínio e destruição do homem: "A união de uma produtividade crescente e de uma capacidade crescente de destruição, a política conduzida no limite de sua própria anulação, o render-se do pensamento, da esperança, do medo, diante das decisões das potências atuantes, o perdurar da pobreza ao lado de uma riqueza nunca vista constituem a mais imparcial acusação, embora não sejam a razão de ser desta sociedade, mas somente seu subproduto: sua própria racionalidade arrebatante, motor de sua eficiência e desenvolvimento, é irracional" (Marcuse, 1967, p.11).

operada pelo 'olhar da razão' revela aos homens sua natureza verdadeira: membros da comunidade humana universal. No *état des moeurs*, os homens não se unem por um acordo de opiniões e interesses particulares, mas pela *unanimidade* de sentidos e vontades. O universal não se realiza por um poder – o Estado ou a coletividade – que atue *sobre* o indivíduo; ao contrário, instaura-se pela adesão voluntária de cada um à 'reta razão'. A esse propósito, Baczko observa que, na antropologia e epistemologia dos séculos XVII e XVIII,

> o indivíduo é considerado livre na medida em que suas faculdades lhe pertencem, é uma pessoa na medida em que possui as imagens, as ideias, e enriquece suas impressões, seus conhecimentos, etc. Para Dom Deschamps, ao contrário, a relação ontológica fundamental, senão a única, que se estabelece entre o sujeito e o objeto é a do coexistir e não do ter. (Baczko, 1979, cap.III, p.142)

Submeter-se incondicionalmente à razão que ordena o social não implica o esmagamento da liberdade; ao contrário, se nos ativermos à lógica interna de seu sistema, concluiremos que a liberdade supera as determinações utilitárias e se afirma plenamente como liberdade de coexistir. Lido dessa forma, o verdadeiro sistema configura uma associação em que o consenso é expressão direta e imediata da vontade dos membros, que não necessitam de nenhuma mediação representativa: uma doutrina social que leva ao paroxismo as concepções rousseaunianas de democracia direta.

Entre os escritores contemporâneos de Dom Deschamps, Rousseau foi, sem dúvida, quem mais o influenciou. Entre 1760 e 1762, Deschamps escreveu várias vezes ao filósofo genebrino, procurando acertar um encontro que nunca chegou a se realizar (cf. Rihs, 1970, cap.III). Em suas respostas, Rousseau, apesar de manifestar uma apreensiva simpatia pela audácia das teses contidas no *Verdadeiro sistema*, não lhes atribui nenhuma eficácia política, considerando-as apenas um devaneio.[13] Por sua vez, o abade acusa seu principal inspirador de não ter extraído, em *Do contrato social*, as consequências decorrentes da 'filosofia da história' elaborada no II Discurso. Recrimina-lhe: "... não ter enxergado o verdadeiro estado da sociedade, após ter enxergado o verdadeiro estado selvagem e o nosso falso estado social" (Dom Deschamps, 1963, p.191).

Talvez Rousseau encontrasse no devaneio de Deschamps algo de seu próprio sonho de uma comunidade virtuosa em que todos os conflitos fossem redimidos pela adesão livre dos cidadãos ao 'eu comum'. A partir daí, é possível pensar as proximidades e distâncias entre os dois autores. Como visto no primeiro capítulo, a redução da máquina estatal a funções executivas sujeitas ao controle permanente dos cidadãos combina-se, em *Do contrato social*, com uma organização econômica primária, baseada no trabalho camponês e artesão. A vida simples, erguida sobre as necessidades naturais, aproxima os homens na medida em que tende a uniformizar sua condição e aspirações, levando-os a cultivar valores comunitários em detrimento das tendências egoístas. Nesse sentido, a democracia direta supõe certa redução das diferenças, como condição para se constituir uma imagem uniforme do mundo social. No entanto, para Rousseau, a unidade social nunca se realiza plenamente na representação e atividade dos homens, por se constituir contra a

---

13 Cf., a esse respeito, Rousseau, 1926, carta 1069. Nesta carta, o genebrino, que na época conhecia seu correspondente pelo pseudônimo de Du Parc, faz críticas severas ao *Verdadeiro sistema*, construído, a seu ver, sobre a 'maior das abstrações'. Rousseau, que conhecia apenas um esboço do livro, não nega, porém, certo interesse a essa 'inquietante' utopia: "Seu estilo é excelente, é o mais adequado ao tema, e eu não duvido que seu livro seja bem escrito. O senhor possui a mente pensante, das luzes, da filosofia. Sua maneira de anunciar seu sistema o torna interessante, mesmo inquietante, mas, com tudo isso, tenho certeza de que se trata de um devaneio" (p.127).

'ordem natural' das coisas. Assim, a 'cidade virtuosa', onde a manifestação livre das vontades individuais pressupõe unanimidade, permanece como ideal regulador da reforma política. Esta, ao mesmo tempo que nega as formas burocráticas e verticais do poder, ampliando enormemente a participação política do conjunto dos cidadãos, delega ao governo dos sábios a tarefa educativa – desnaturadora – da vontade.

Para Deschamps, em contraste, o fim do Estado e a emergência da comunidade ética correspondem à integração plena e definitiva das sociedades humanas à ordem natural. Sua sociologia supõe a anterioridade do ser social sobre o indivíduo, ou, para usar as palavras de Baczko, da categoria do *coexistir* sobre a do *ter*, interpretando o mundo civilizado como fruto da loucura da razão. Esta, prisioneira do olhar dos sentidos, afastou-se de seu verdadeiro destino, colocando-se a serviço das paixões e interesses particulares. Dessa forma, transformou-se no seu oposto: no delírio dominador de uma ciência e uma indústria que tratam a sociedade e a natureza como instrumentos para a realização dos desígnios egoístas. Contrariamente a esse horizonte de artifícios e cálculos, a iluminação racional vinda do olhar metafísico tem eficácia imediata nos corações e mentes: revela o que realmente são. A consciência, uma vez esclarecida sobre a verdadeira natureza das relações sociais, não precisa de coação para realizá-las.

3
Proudhon[1] e a anarquia

A origem do socialismo moderno vincula-se à crescente desconfiança em torno das potencialidades do capitalismo em produzir o bem-estar geral diante do crescimento assustador da miséria entre as populações urbanas e os trabalhadores fabris,

---

1 Pierre-Joseph Proudhon nasceu em 1809 no seio de uma família rural, trabalhou como tipógrafo e estudou como autodidata. Tornou-se famoso entre as fileiras dos militantes e intelectuais socialistas, com a publicação de seu primeiro memorial sobre a propriedade, em 1840. Participou ativamente da Revolução de 1848, como deputado eleito à Assembleia Nacional, onde se notabilizou pela coragem com que denunciou, em um famoso discurso, a repressão ao levante dos trabalhadores. Por sua atividade de jornalista e escritor político em defesa da causa operária, foi julgado e condenado à prisão em 1849, permanecendo detido por três anos. Alguns anos mais tarde, foi obrigado a se exilar, tendo sido novamente condenado, pela publicação do livro *Da justiça na Revolução e na Igreja*. Após o regresso à França, publicou ainda vários textos sobre as questões sociais e políticas de seu tempo. Morreu em Paris em 1865, um ano após a fundação da Primeira Internacional dos Trabalhadores.

na primeira metade do século XIX.[2] O grande interesse dos primeiros pensadores socialistas pela 'questão social' fica evidenciado, por exemplo, nas investidas de Fourier contra o liberalismo, por ele acusado de ocultar, na noção abstrata de direitos iguais, uma efetiva e profunda desigualdade social.[3] Saint-Simon, por sua vez, criticando o egoísmo das classes dirigentes, preocupadas apenas em obter vantagens privadas, define a política como a "... ciência capaz de garantir à massa a maior soma possível de bens materiais e de alegrias morais" (Saint-Simon, 1966a, p.205).

No entanto, o interesse em melhorar a condição de vida das camadas populares não é certamente o que define a originalidade desses pensadores. Máxime Leroy, em um comentário sobre o lugar dos pobres na doutrina saint-simoniana, observa que o novo consiste aí em figurá-los não apenas como vítimas, mas como produtores, capazes de gerar um novo ordenamento social. Em outras palavras, a posição filantrópica e humanitária seria explicitamente suplantada pela certeza de que a condução da vida econômica e social cabe a quem trabalha. Nisso, sobretudo, consistiria a novidade socialista.[4] Proudhon (1809-1865), desde a juventude conhecedor profundo das utopias coletivistas que proliferavam na época, justifica sua preferência pelas proposições de Saint-Simon justamente pelo papel por elas atribuído aos produtores na reorganização da economia e da sociedade, vislumbrando nisso o princípio anarquista, negador do

---

2 Hobsbawm, E., op.cit., p.260. Ao comentar esse fato, Hobsbawm afirma que a deterioração das condições de vida nas cidades "estimulara a investigação crítica, especialmente sobre a distribuição em contraste com a produção, que havia sido a preocupação maior da geração de Adam Smith".

3 Cf. Fourier, 1972, p.103. Para uma análise do "antiliberalismo" de Fourier, consultar Larizza, 1971.

4 Consultar, a esse respeito, Leroy, 1962, p.236-40.

Estado.[5] O estreito vínculo estabelecido por Proudhon entre a proposta saint-simoniana e a gênese da ideia de anarquia justifica, aqui, uma breve e sumária nota sobre a 'associação dos produtores' preconizada pelo famoso socialista utópico.

Para Saint-Simon, as grandes transformações sociais e políticas do século das Luzes, ao jogar por terra as velhas crenças e dogmas religiosos, legaram aos novos tempos a tarefa de fundar uma nova doutrina, que, pela demonstração científica, pudesse reunificar a sociedade em torno de princípios morais universais:

> É preciso organizar uma nova doutrina: a antiga tinha fundado a moral sobre as crenças, a nova deve lhe dar por base a demonstração de que tudo o que é útil à espécie o é aos indivíduos, e, reciprocamente, tudo o que é útil ao indivíduo o é também à espécie; o novo código de moral deve se compor pelas aplicações desse princípio geral a todas as coisas particulares. (Saint-Simon, 1966b, p.117)

O princípio da identidade entre interesse coletivo e individual tem raízes no pressuposto de que a sociedade é uma

---

5 A influência da doutrina saint-simoniana e da cidade de Morelly na formação das concepções anárquicas de Proudhon é muito maior que a de William Godwin, considerado atualmente, pelos estudiosos do anarquismo, o iniciador de sua tradição teórica. Embora no tratado "Enquiry Concerning Political Justice" (1793) faça uma crítica contundente a todo poder estatal, propondo um modelo comunitário autogerido, Godwin passou ao largo do movimento anarquista do século XIX. A esse respeito, em seu trabalho sobre a árvore genealógica da anarquia, Woodcock comenta que Proudhon, em sua única referência ao pensador inglês na obra *Filosofia da miséria*, o liquida como um comunista da mesma escola de Robert Owen. Bakunin, por sua vez, parece ter conhecido ainda menos seu pensamento, cujas afinidades com o ideário anárquico foram, enfim, tardiamente reconhecidas por Kropotkin e, após ele, pelos 'mais intelectuais' entre os expoentes da corrente libertária. (Cf. Woodcock, 1980, p.51)

máquina, movida pelo concurso das capacidades e talentos, no interior da qual bem-estar, alegria e liberdade de cada um resultam de sua participação – diferente e combinada – na mesma obra. A integração das partes para o funcionamento perfeito do todo constitui a essência da relação social, que não expressa

> um simples aglomerado de seres vivos, cujas ações independentes de todo objetivo final não têm outra causa a não ser acidentes efêmeros sem importância; a sociedade, ao contrário, é principalmente uma verdadeira máquina organizada em que todas as partes contribuem de uma maneira diferente à marcha do todo. (Saint-Simon, 1966c, p.177)

Uma vez que cada membro, indissoluvelmente ligado ao todo, depende, para a sua sobrevivência, do entrelaçamento livre e solidário de todos os componentes, não há lugar, na sociedade-organismo, para parasitas ou egoístas.

Projetando no mundo moderno a imagem desse corpo social harmônico, Saint-Simon prevê seu advento iminente como resultado da aliança entre as duas grandes forças renovadoras produzidas pelo avanço da civilização: a ciência e a indústria. Enquanto a primeira tem o duplo poder de desvendar os segredos da natureza em prol da felicidade humana e de persuadir os homens pela demonstração racional, a segunda desenvolve neles a capacidade técnica e administrativa, ao mesmo tempo que intensifica a interdependência entre os produtores, favorecendo sua adesão afetiva ao bem comum.[6]

---

6 Miguel Abensour, em ensaio sobre a utopia socialista, aponta em Saint-Simon o primeiro crítico do liberalismo para quem a fundação de uma nova sociabilidade vincula-se às transformações modernas. Opondo a posição do pensador socialista à de Benjamin Constant, o autor comenta: "Ávidos em aprender o novo dos Tempos Modernos, os liberais não se equivocam ao só aprender o moderno em relação ao antigo, de modo

Com a valoração positiva das tendências presentes na modernidade, Saint-Simon desenha os traços da futura associação, em que os homens, livres de todo conflito interindividual, irão se dedicar juntos a administrar as coisas. Nesse sistema, a distribuição de rendas, propriedades e papéis diretivos, ajustada conforme às capacidades e aos conhecimentos de cada um, garantiria que todos participassem das benesses e gestão da sociedade, sem uniformizar as diferenças. Assim, aos grandes capitães de indústria, profundos conhecedores da ciência administrativa, caberia dirigir os negócios públicos, sob a fiscalização e vigilância de seus eleitores diretos, os artesãos, pequenos proprietários, assalariados. Enfim, os homens cultos, que tiveram acesso ao "verdadeiro" percorrendo os caminhos árduos da ciência e da arte, deveriam monopolizar o poder espiritual, instruindo e educando o povo até que este incorpore definitivamente os princípios da nova doutrina, erguida sobre a superioridade técnica e moral dos produtores.

Entre os pensadores políticos que, ao longo do século das Luzes, buscavam uma alternativa radical à sociedade competitiva, a maioria vinculava a redenção da humanidade a modelos sociais passadistas e uniformizadores. Saint-Simon, em contraste, prevê que a associação humana livre e pacificada emergirá da revolução científica e industrial moderna. Refletindo sobre esses modelos divergentes, Georges Lichtheim identifica em Saint-Simon o continuador legítimo da tradição racionalista e progressista das Luzes em oposição diametral ao 'conservadorismo' e 'pessimismo' rousseaunianos (cf. Lichtheim, 1970,

---

bidimensional, poderíamos dizer, pensando apenas em termos de ganhos e perdas, incapazes de se elevarem até a ideia de uma invenção, para além dos ganhos e perdas? Como se os pensadores liberais fracassassem em perceber que, em sua substância mesma, a modernidade suscitava novas forças ativas; produzia, em seu movimento mesmo, a virtuosidade de um laço social original" (Abensour, 1990, p.206).

Patrizia Piozzi

p.49-50). No entanto, o mesmo autor, em suas considerações sobre a escola saint-simoniana, observa que a crítica socialista do princípio liberal, ao atribuir à sociedade a supremacia sobre o indivíduo, "dá vida nova à concepção rousseauniana de uma comunidade humana anterior ao surgimento da civilização burguesa moderna" (ibidem, p.52).

Tal comentário poderia se estender ao inspirador da escola, já que para este é precisamente a unanimidade em torno do 'útil comum' que distingue a democracia dos produtores das organizações estatais, em que o equilíbrio mantido artificialmente manifesta sua instabilidade no contínuo revezamento dos governos despóticos e populares: os povos antigos, organizados pelo poder coercitivo do Estado, revelam a incapacidade juvenil de se constituir em corpo, apesar de sua grandeza militar e comercial, enquanto nas sociedades industriais modernas o pacto social é selado pelo cumprimento voluntário dos trabalhos de utilidade geral.

Sem dúvida, uma grande distância separa a república artesã e camponesa de Rousseau, inspirada nos valores comunitários primitivos e na virtude da sociedade antiga, da associação dos dinâmicos produtores modernos, capaz de suplantar definitivamente os governos. No entanto, apesar dos mundos tão diferentes que inspiram esses modelos, seus idealizadores têm em comum o objetivo de reunificar o corpo social por um consenso unânime. Sob esse aspecto, a democracia dos produtores de Saint-Simon resulta, como a rousseauniana, do encontro entre a propensão do povo ao bem comum e o esforço legislante e moralizador dos sábios.

Pierre-Joseph Proudhon, que acusa repetidamente Rousseau de ter reduzido a vontade geral à da maioria, negando, dessa forma, a fecundidade de seu próprio princípio e legitimando a divisão do corpo social, saúda em Saint-Simon o mais importante precursor da ideia de anarquia. Crítico virulento das propostas comunitárias, que a seu ver pretendem anular a diferença e instaurar o poder paternalista e uniformizador do coletivo,

104

Proudhon vislumbra, em contrapartida, no modelo pluralista saint-simoniano, os traços de uma ordem social gerida democraticamente, por uma humanidade madura, capaz de gerar por si própria o consenso unânime. Como veremos, embora excluindo das classes produtoras os grandes proprietários capitalistas, em sua óptica pertencentes ao mundo dos parasitas e exploradores,[7] Proudhon também atribui a redenção da sociedade às forças da ciência e do trabalho. Delas nasceria um corpo social pacificado, gerido por produtores livres que obedecem somente a normas da razão e consciência, recusando todo e qualquer poder soberano, venha ele de Deus, dos sábios ou até mesmo do povo. Não é exagero afirmar que sua imensa produção teórica visa fundamentar cientificamente, na natureza e na história, a proposta do novo modelo societário que, já no primeiro memorial sobre a propriedade,[8] denomina anarquia.

Nesse capítulo, a reconstrução da crítica do autor aos regimes comunitário e capitalista visa identificar os elementos teóricos que compõem o aspecto anarquista de sua doutrina, focalizando, para isso, períodos diferentes de sua trajetória inte-

---

7 No que diz respeito ao papel destacado da burguesia industrial no sistema de Saint-Simon, Leroy observa que tal fato se deve à escassa diferenciação social entre proprietários industriais, artesãos e trabalhadores assalariados na época do capitalismo incipiente. O caráter socialista e inovador de sua doutrina consistiria na divisão da sociedade entre classes trabalhadoras e parasitárias (cf. Leroy, 1954, p.237). Lichtheim, que considera a posição do reformador utópico francês extremamente ambígua nesse aspecto, observa, no entanto, que, aos olhos da burguesia, "... Saint-Simon, ao fazer da produção a pedra de toque da utilidade social, havia invertido a hierarquia dos valores" (Lichtheim, 1970, p.51).

8 Proudhon escreveu três memoriais sobre a propriedade, respectivamente, nos anos de 1840, 41 e 42. O primeiro, assim como o segundo, intitula-se *Qu'est-ce que la propriété?*, e teve grande repercussão entre as esquerdas francesas pelo propósito ousado de demonstrar que "a propriedade é um roubo". O terceiro memorial, *Avertissement aux propriétaires*, é uma carta a Victor Considerant, motivada pela polêmica de Proudhon com os fourieristas.

lectual e política: o que se abre com o famoso opúsculo *O que é a propriedade?* (1840), marcado pela profunda fé no advento iminente da nova ordem; e aquele envolvendo a fase mais madura, após 1848, em que a ideia de extinção cabal do Estado é paulatinamente abandonada e ao fim substituída pela proposta de um sistema federativo capaz de garantir o controle democrático da sociedade sobre os cargos e instituições estatais.

Do Estado à anarquia

Em *O que é a propriedade?*, opúsculo que se tornou famoso pela violência de seu ataque ao capitalismo, a sociedade é imaginada como um organismo complexo, baseado na confluência de talentos e vocações. Na figuração do autor, a analogia com as atividades biológicas não reproduz a fixidez e hierarquia dos papéis tal como é sugerido nas concepções conservadoras por intermédio da rígida transposição do modelo orgânico às relações sociais. Ao contrário, à medida que o desempenho das diferentes tarefas necessárias ao funcionamento do todo realiza inclinações individuais, o caráter funcional da divisão do trabalho constitui fundamento objetivo para a cooperação espontânea e harmônica dos produtores:

> Entre os homens é igual a soma dos talentos e capacidades e a sua natureza é semelhante: todos, tantos quanto somos, nascemos poetas, matemáticos, filósofos, artistas, artesãos, trabalhadores; mas não nascemos igualmente dotados de todas essas características e as proporções são infinitas na sociedade, de um homem a outro, de uma faculdade a outra, no mesmo homem. Esta variação de grau nas mesmas faculdades, esta predominância de talentos para certos trabalhos é, dissemos nós, o próprio fundamento da sociedade. A inteligência e o gênio natural foram repartidos pela natureza com uma tal economia e uma providência tão grandes que o organismo social nunca deve temer superabundância ou falta de

talentos especiais, porque cada trabalhador, entregando-se à sua tarefa, pode sempre adquirir o grau de instrução necessário para usufruir dos trabalhos e descobertas de todos os seus associados. (Proudhon, 1926, p.309)

A "providência e economia" da natureza não se limita a organizar o trabalho coletivo de forma tal que a necessidade do todo e as propensões dos sujeitos tenham perfeita integração. A divisão natural dos talentos constitui, também, um dos fundamentos objetivos para a igualdade econômica dos produtores. Sobrepondo os critérios extraídos das ciências matemáticas aos oriundos da analogia biológica, o argumento do autor procura mostrar que todos os trabalhos, como funções, são igualmente úteis à higidez do todo e, do ponto de vista da medição quantitativa, a produtividade humana no tempo difere muito pouco de homem a homem. Conclui-se daí que atribuir a concentração privada de riqueza aos méritos do talento e do esforço pessoal é impossível, contrário à lógica dos fatos, já que rendimentos iguais e trabalho livre fundam-se em leis objetivas da natureza, cientificamente demonstráveis e traduzíveis, em linguagem matemática, pela equação que define a igualdade de todos os produtores na proporcionalidade dos talentos (cf. Proudhon, 1926, cap.IV, passim). Essa fórmula, que revela sinteticamente o parentesco entre as concepções de Proudhon e as de Morelly, não se realiza porém, como no sistema morelliano, pela comunidade dos bens e pela distribuição rigorosamente igualitária e centralizada das rendas. Ao contrário, diferença e complementaridade objetivam-se na troca livre de trabalho por trabalho entre produtores independentes no mercado, instância comum em que a unidade diversificada que constitui a vida interna do organismo social se torna inteligível.[9]

---

9 Marx, criticando a teoria do valor de Proudhon, observa que a troca de quantidades iguais de trabalho entre produtores diretos só é possível numa

Ao reconhecer na livre concorrência e na propriedade fundada no trabalho condições imprescindíveis para que a liberdade e igualdade dos produtores se universalizem, a economia política de Proudhon incorpora o modelo societário oriundo das concepções burguesas. Dessa forma, em sua representação sobrepõem-se duas imagens divergentes do social. Uma nasce do agregar-se de seres atomizados e competitivos, que realizam a liberdade na dimensão exclusivista do possuir privadamente; na outra, a pessoa, membro de um todo anterior e constitutivo, extrai dele seu perfil de indivíduo. Pode-se reconhecer a presença desses modelos na diferença estabelecida entre o 'trabalho' nas sociedades dos animais e dos homens. Enquanto nas primeiras todos executam exatamente as mesmas tarefas, dirigidas por "um mesmo gênio e uma mesma vontade", nos agrupamentos humanos a produção resulta do concurso de vontades e inclinações "prodigiosamente divergentes": projetado para realizar seu destino na dupla dimensão do social e do pessoal, o homem "procura a sociedade mas foge à coerção e à monotonia, é imitador mas zeloso de suas ideias e louco por suas obras" (Proudhon, 1926, p.318-9).

A cisão da vontade entre os pendores sociais e as exigências do "eu" tem sua contrapartida objetiva na especificidade da

---

sociedade em que os meios de produção são restritos e a demanda antecede a oferta. Já a indústria moderna é forçada, por sua própria capacidade técnica, a produzir em escala cada vez maior, antecipando-se à demanda. Portanto, na análise de Marx, a anarquia do mercado, no sistema econômico fundado sobre as trocas individuais, resulta necessariamente do desenvolvimento industrial capitalista. Proudhon, ao pretender restabelecer a 'justa troca' entre produtores diretos mantendo o sistema mercantil, estaria assumindo uma perspectiva ilusória e passadista: "assim, das duas, uma: ou se deseja a justa proporção dos séculos passados com os meios de produção da nossa época, e se é simultaneamente reacionário e utopista; ou se deseja o progresso sem anarquia e, neste caso, para conservar as forças produtivas, se é obrigado a abandonar as trocas individuais" (Marx & Engels, 1982a, p.70).

produção humana, gerando formas associativas desequilibradas, nas quais um dos termos da polaridade tende a aniquilar o outro: comunismo e capitalismo.[10] No primeiro, a isonomia perfeita das rendas e a comunidade dos bens, desestimulando a competição, inibem o desenvolvimento dos potenciais e anulam as diferenças.[11] Domínio da fraqueza e da mediocridade sobre a força e o talento, o sistema comunitário destrói o que há de específico no organismo produtivo humano, reduzindo--o à monotonia e uniformidade das associações animais. Ao contrário, no regime capitalista, a concorrência sem regra gera a hipertrofia do 'eu' e a perda da dimensão solidária. O poder incontestado da astúcia e da força transforma o organismo social num agregado de tensões antagônicas e desiguais, em risco permanente de explosão. Alternativa e síntese desses sistemas, o regime de 'igualdade na liberdade' subordina o mercado à lei que determina a equivalência de rendimentos para quantidades iguais de trabalho, restringindo a propriedade a limites compatíveis com o bem-estar geral.[12] Conciliando as exigências da

---

10 Proudhon faz uma distinção entre a 'comunidade negativa', primeira determinação histórica da sociedade, e o 'comunismo sistemático', negação refletida da sociedade. Enquanto a primeira teria um lado positivo, por revelar a propensão solidária do homem, a segunda seria, sempre, opressiva e autoritária. Cf. Proudhon, 1926, cap.V, 2ª parte, "Caractères de la communauté et de la propriété", p.325-42.

11 Cf., para uma crítica similar e alternativa às formulações utópicas de um comunismo que "nega a personalidade do homem", Marx, 2004, p.103-14.

12 *O que é a propriedade?* pertence à fase mais radical e socialista de Proudhon, encerrada em 1847 com a *Filosofia da miséria*, se nos ativermos às análises de seu mais famoso comentador. Embora no primeiro memorial já se delineie nitidamente a proposta de um sistema baseado na troca individual entre produtores proprietários, igualmente distante do capitalismo e do comunismo, seu autor acentua sobremaneira o caráter coletivo da produção. Em numerosas passagens, assinala que o indivíduo é eterno devedor da sociedade, não só porque consome antes de produzir, mas, sobretudo, porque o produto da força coletiva é sempre maior do que a soma dos trabalhos individuais. A valorização do coletivo redunda, em sua propos-

Patrizia Piozzi

liberdade com as de uma distribuição equilibrada, ele elimina o aspecto antagônico e destrutivo da concorrência e constrói a coesão social sobre o diverso.

Salientamos ainda uma vez a preocupação de Proudhon em fundamentar cientificamente suas teses. Os pontos de vista das ciências da vida confluem com os da matemática para conferir à nova associação a legitimidade inquestionável da Natureza, governada por leis objetivas, imutáveis e perfeitamente inteligíveis, independentes do consentimento humano. Nesse sentido, os elementos do direito têm o mesmo estatuto que os da matemática:

os números governam o mundo, *mundum regunt numeri,* este adágio é tão verdadeiro no mundo moral e político como no mundo sideral e molecular. (Proudhon, 1926, p.242)

No entanto, a interpretação da economia e da sociedade pela óptica da determinação natural estrita não esgota a posição da filosofia social de Proudhon nesse contexto. Esta, conferindo às leis objetivas o caráter de normas de ordem moral e racional, amplia a perspectiva naturalista enxergando-as, também, como determinações do que é especificamente humano, derivadas da sensibilidade e do intelecto. Torna-se, aí, imprescindível a consideração da vontade e do livre-arbítrio, já que, num universo de sujeitos, a lei da necessidade não se realiza de forma

---

ta, na regulamentação da posse individual, subordinando-a às exigências da igualdade e bem-estar sociais. A "crítica da economia política", baseada na demonstração de que "a propriedade é um roubo", e a noção, econômica e sociológica, de 'força coletiva' presentes no texto justificam a enorme repercussão que este teve entre os socialistas da época. Marx saúda em *O que é a propriedade?* um acontecimento memorável: "... um progresso que revoluciona a economia política e torna possível, pela primeira vez, uma verdadeira ciência da economia política" (Marx & Engels, s.d., p.47).

imediata e mecânica, mas pela adesão dos corações e mentes. Nesse contexto, o problema da articulação entre necessidade e liberdade resolve-se pela noção de história. Movimento necessário e inelutável que, pela negação-superação sucessiva de formas sociais imperfeitas e antagônicas,[13] conduz à "ordem natural das coisas", o progresso histórico não se faz pelo desenvolvimento automático das determinações socioeconômicas: constitui o processo de aprendizagem ao longo do qual a razão humana reconhece progressivamente as leis que a governam e lhes submete a vontade.

Entendida a história como processo educativo, abre-se a perspectiva para uma solução consensual das tensões inerentes à natureza complexa da sociedade, síntese de tendências complementares e antagônicas. Enquanto Rousseau, cético sobre a capacidade do homem em submeter-se voluntariamente às exigências do interesse geral, mantém a proposta de democracia direta nos limites de uma reforma do Estado, Proudhon acredita que o senso moral e a razão, educados pela experiência, possam gerar uma comunidade autogerida, na qual os termos se equilibrem sem que instrumentos de coação se tornem necessários.

A valoração positiva da natureza humana funda-se no pressuposto de um pendor inato à solidariedade, independente de

---

13 Já em *O que é a propriedade?*, Proudhon afirma seguir o movimento hegeliano de tese-antítese-síntese. Observamos porém que a dialética, segundo Proudhon, exclui de si o negativo, tratando o movimento histórico como a sucessão ascendente de formas sociais que tem seus lados bom e mau, identificando, na síntese, o resultado da fusão dos aspectos positivos das formas anteriores. Nessa ótica, a anarquia sintetiza em si o homem sociável e igualitário que habita a primeira comunidade, e o indivíduo independente, em busca de realização pessoal, emerso do regime de propriedade. Sainte-Beuve, que parece concordar com Marx a respeito do uso heterodoxo que Proudhon faz das determinações hegelianas, observa que "... ele [Proudhon] poderia passar sem o termo hegeliano antinomia. Há em todas as coisas o pró e o contra e há certa verdade nos dois lados" (Sainte-Beuve, 1947, p.196).

cálculo e raciocínio. Ser social por necessidade, o homem o é também por vocação, sendo

> movido por uma tendência interior para o seu semelhante, uma secreta simpatia que o faz amar, comprazer-se e condoer-se, de maneira tal que para resistir a essa atração é preciso um esforço da vontade contra a natureza. (Sainte-Beuve, 1947, p.300-1)

A crença no fundamento sensível da sociabilidade não entra em conflito com as convicções racionalistas e progressistas do filósofo da história. Ao contrário, a 'bondade natural' do homem comprovaria que as formas de associação desarmônica não deitam raízes num 'defeito' de natureza, mas na imperfeição do conhecimento. Por uma associação de reminiscência rousseauniana, o autor afirma que o sentimento solidário inato, esclarecido pela reflexão, transforma-se em consciência exata dos direitos e deveres de cada um:

> A Sociabilidade é a atração dos seres sensíveis, a justiça é essa mesma atração acompanhada de reflexão e conhecimento. Mas sob que ideia geral, sob que categoria do entendimento nós percebemos a justiça? Sob a categoria de quantidades iguais. Daí a antiga definição de justiça: *justum aequale est, injustum inaequale.*
> O que é então praticar a justiça? É dar a cada um rendimentos iguais, sob igual condição de trabalho, e agir societariamente. Por mais que nosso egoísmo reclame, não há subterfúgio possível contra a evidência e a necessidade. (ibidem, p.306)

A apreensão da norma inteligível de justiça pelos sócios conclui o percurso doloroso mas ascendente dos agrupamentos humanos da "autoridade à liberdade", do "antagonismo à associação". Uma vez realizada a junção entre sensibilidade e intelecto, o tempo histórico esgota seu papel para dar lugar ao tempo da natureza, cuja ordem é incessantemente reposta, sob a forma de um sistema em que "a soberania da vontade cede diante da soberania da razão" (ibidem, p.339).

Uma vez que a liberdade é idêntica à submissão de todos à mesma necessidade objetiva, qualquer governo que represente o querer imediato de sujeitos empíricos, mesmo majoritário, é opressivo. A essência da democracia encontra-se, então, na gerência e fiscalização direta da lei pelo povo esclarecido, que torna efetiva a ordem racional da natureza: "o poder legislativo pertence à razão, metodicamente reconhecida e demonstrada" (ibidem, p.340). Nesses termos, pode-se dizer que a 'anarquia' proudhoniana, tal como é concebida em *O que é a propriedade?*, constitui a ampliação democrática do sistema político de Morelly. No *Código da natureza*, o povo, portador do Universal, elegia e fiscalizava os "administradores competentes". Proudhon, que reconhece na proposta morelliana o princípio de negação do Estado, o leva às últimas consequências, conferindo a todos os cidadãos a capacidade de executar a lei.

O primeiro memorial sobre a propriedade contém apenas indicações vagas e genéricas a respeito das formas organizativas que deveriam veicular a nova ordem: no entanto, o texto é de fundamental importância na doutrina anarquista de Proudhon, fundada no pressuposto de que o fim do Estado marca a integração da história na natureza. Na "ordem natural das coisas", enquanto o caráter plural da sociedade se objetiva por meio do mercado, o político é o lugar do consenso unânime em torno das leis que regulam a produção e a troca. Dessa forma, a união da ordem e da anarquia se faz pela obediência dos agentes econômicos às leis orgânicas da produção e do mercado. Este, depurado das perversões decorrentes da ignorância e do individualismo, concretiza a comunidade universal dos produtores-proprietários. Em escritos posteriores,[14] a proposta do filósofo se concretiza de modo mais preciso nos 'contratos' comunais, pelos quais recupera

---

14 Cf., entre outros, Proudhon, 1979a e 1921.

Patrizia Piozzi

a divergência na formação da consciência pública. A importância da demonstração científica absoluta cede lugar ao debate e a vontade geral deixa de refletir a soberania da razão definitivamente constituída para configurar-se como resultado de um movimento espontâneo, que tem na opinião seu ponto de partida. A figura do organismo vai reaparecer, aí, representando a 'razão pública' como instância autônoma e qualitativamente distinta da 'razão individual':

> Aos olhos de qualquer um que tenha refletido sobre as leis do trabalho e da troca, ... a realidade, diria, até a personalidade do homem coletivo, é tão certa quanto a realidade e a personalidade do homem individual. A única diferença consiste em que este se apresenta aos nossos sentidos sob a forma de um organismo cujas partes têm ligação física, circunstância que não existe na sociedade. Porém a inteligência, a espontaneidade, o desenvolvimento, a vida, tudo o que constitui no mais alto grau a realidade do ser, é tão essencial para a sociedade quanto para o homem. (Proudhon, 1923a, p.123)

A analogia orgânica denota aí que o 'ser coletivo' tem vida própria, gerada pela articulação imanente de suas partes e não, como pensa "a maioria dos filósofos", por um pacto de razão, que agrega indivíduos anteriormente isolados. Porém, a imagem não evoca a vida meramente biológica do organismo, na qual a relação entre partes e todo se faz de forma irrefletida e imediata, mas representa a sociedade como uma pessoa humana, dotada de inteligência e liberdade, da mesma forma que cada indivíduo que a compõe. Nessa óptica, a concepção do político é calcada sobre a de produção social: graças à divisão do trabalho, o produto coletivo é diferente – e superior – ao da soma dos trabalhos individuais. No entanto, a especialização das funções não mutila as capacidades; ao contrário, é condição para o seu desenvolvimento. Da mesma forma, na vida política, a razão pública, diferente e superior à soma das razões

114

individuais, não as limita, ao contrário, resulta de seu inter-câmbio. A personalidade do ser coletivo se forma, então, no interagir – livre e ao mesmo tempo funcional – dos trabalhos e das opiniões de cada membro, de tal modo que a liberdade dos indivíduos não só não se opõe, mas é essencial ao vínculo solidário da sociedade:

> Do ponto de vista social, liberdade e solidariedade são termos idênticos; a liberdade de cada um encontrando na liberdade de outrem, não mais um limite, como na Declaração dos Direitos do Homem e do Cidadão de 1793, mas um auxiliar, o homem mais livre é aquele que tem o máximo de relações com os seus semelhantes. (Proudhon, 1929, p.249)

A concepção organicista de liberdade está na base da crítica proudhoniana ao Estado, desenvolvida principalmente nos escritos posteriores a 1848.[15]

Na sociedade moderna, capital e Estado inibem o desenvolvimento natural da personalidade coletiva. O capital expropria os meios e o produto do trabalho, e, anulando a livre concorrência e a propriedade independente, destrói a igualdade e liberdade dos produtores: analogamente, o Estado, unificando artificialmente e "de cima para baixo" uma sociedade marcada pela anarquia da produção e da troca, expropria os cidadãos da gestão direta da coisa pública. O quadro decorrente dessa agressão ao corpo social não é inesperado:

> Nas condições atuais, a política é a arte equivocada e fortuita de produzir a ordem numa sociedade onde todas as leis da economia são desconhecidas, todo equilíbrio destruído, toda liberdade comprimida, toda consciência deformada, toda força coletiva convertida em monopólio. (L'État, in Proudhon, 1931, p.264)

---

15 Estamos nos referindo aqui, principalmente, a Proudhon, 1979a, e ao estudo L'État, in 1931, principais fontes para as considerações a seguir.

Produzindo a ordem sobre, e contra, o movimento caótico e antagônico de uma sociedade privada de ciência e virtude, a arte política seria um instrumento 'equívoco e fortuito', impotente na pacificação do corpo social.

Generalizando sua análise para todo ordenamento erguido sobre a forma-Estado, Proudhon sustenta que a violência física e espiritual, comum a todas as políticas governamentais, decorre da *necessidade* de conter e reduzir os conflitos. O termo 'necessidade' designa o princípio norteador do poder estatal, em oposição à liberdade, espontaneidade, consenso. Em qualquer de suas formas contingentes, os governos trabalham, sempre, contra a desordem, sendo destinados a perecer e renascer incessantemente, sob o signo do acaso e da violência. A visão trágica do Estado estende-se às doutrinas que reconhecem nele a instância de ordenamento e articulação dos indivíduos em comunidade. Pressupondo – erradamente – que desigualdade e conflito sejam inelimináveis das associações humanas, estas encontram no poder dos governos o único meio eficaz para corrigir e harmonizar as relações entre indivíduos divididos por interesses, opiniões e capacidades. Analisadas a partir desse pressuposto, comum a todas elas, as teorias autoritárias e democráticas enveredam igualmente por antinomias insolúveis. As primeiras, ao elegerem os governantes árbitros absolutos dos conflitos vigentes entre os homens comuns, encontram na desigualdade política o antídoto à desigualdade social. Legitimam um Leviatã livre de todo controle, que tende a absorver o âmbito do social, corrompendo os homens e destruindo a sua liberdade (cf. ibidem, cap.II, passim). Por outro lado, as doutrinas democráticas, ao legitimarem o poder no consenso dos cidadãos, trazem para o político as divisões da sociedade, transformando-o num campo de luta dos interesses e paixões particulares.

Os impasses dessas teorias, como os das formas de poder que investigam, devem ser entendidos, para Proudhon, no interior do movimento ascendente da consciência coletiva rumo à verdadeira forma de sociedade. A marcha dos homens da 'necessidade' à 'liberdade', teria se acelerado nos últimos séculos, fato comprovado pela tendência geral ao enfraquecimento e queda dos regimes absolutistas em favor de governos de maior participação da sociedade (cf. Proudhon, 1979a, p.104-40). Sob esse aspecto, a Revolução Francesa constitui um marco fundamental – e irreversível – no avanço das ideias igualitárias e libertárias. Na filosofia, esse fato tem seu paralelo no jusnaturalismo contratualista moderno, que contém e desenvolve a negação do poder que pretende legitimar. Na noção de contrato, o princípio de necessidade, que rege o poder estatal, convive contraditoriamente com o de liberdade, norteador da associação autônoma: por um lado, atribui-se a todos os homens a capacidade de se constituírem voluntariamente em corpo social, por outro lado, ao colocar acima dos cidadãos leis positivas e magistrados, admite-se que a ordem autogerida é inalcançável.[16]

O caráter antinômico das teorias contratualistas revela-se de forma particularmente aguda naquelas que fazem derivar as leis e os governos da vontade da maioria: esta, como parte maior, aproxima-se do todo; como 'coleção' de partículas, não passa de uma soma de interesses e opiniões conjunturalmente coincidentes, opondo-se como tal, à minoria:

> O sufrágio universal é uma espécie de atomismo pelo qual o legislador, não podendo deixar falar o povo na unidade de sua

---

16 Cf. Proudhon, 1979a, p.86-104. Tal antinomia deve-se, segundo Proudhon, à concepção, comum aos contratualistas modernos, da sociedade como agregado de homens independentes, organizados em corpo político por conveniência. Esse vício de origem faz que a ordem constituída carregue permanentemente a tensão entre os desejos e as inclinações de cada um e o interesse geral.

Patrizia Piozzi

essência, convida os cidadãos a expressar sua opinião por cabeça, **viritim**, absolutamente da mesma forma que o filósofo epicureu explica o pensamento, a vontade, a inteligência pela combinação dos átomos. (Proudhon, apud Berth, 1914, p.198-9)[17]

Segundo a arqueologia política proudhoniana, a contradição inerente a todas as doutrinas contratualistas e democráticas do Estado atinge seu máximo desenvolvimento na ideia rousseauniana de vontade geral, retomada e levada às últimas consequências por Rittinghausen,[18] cuja doutrina acaba implodindo os fundamentos teóricos do Estado. Vale a pena examinar mais de perto a crítica aos dois autores pela importância que uma e outros têm na constituição do conceito de anarquia.

Em *Idée générale de la révolution au XIX siècle* [A ideia geral da Revolução no século XIX], obra escrita em 1851 na prisão, Proudhon dirige longa e contundente crítica às concepções rousseaunianas, acusadas de ser o suporte teórico da ditadura jacobina de 1793. Em seu argumento, a noção de vontade geral é, além de obscura, enganosa: após tê-la distinguido explicitamente da vontade da maioria, apontando seu caráter indivisível e inquestionável, Rousseau se contradiz ao identificar o meio de sua aferição no voto, pelo qual a razão pública equivale à soma das razões individuais (Proudhon, 1979a, p.113). Não operando nenhuma distinção qualitativa entre as duas, a doutrina da vontade geral acaba atribuindo o poder efetivo aos

---

17 Referindo-se à crítica de Marx ao Estado representativo moderno, Berth comenta: "Proudhon expressa a mesma ideia sob outra forma e eis as linhas curiosas que podemos ler na "Solução do problema social" (p.62-3). Eu as ofereço aos nossos excelentes democratas, todos tomados de devoção pelo sufrágio universal" (Berth, ibidem).

18 Socialista belga, tornou-se conhecido por sua defesa do princípio de legislação direta, sobre a qual publicou o livro *La legislation directe par le peuple et ses adversaires* (1850). Anos mais tarde ele fez parte do Partido Socialista Alemão.

118

Os arquitetos da ordem anárquica

mais racionais, tendo por consequência a negação do princípio de soberania popular, e a redução da democracia à melancólica função de legitimar a obra de legisladores e governantes. Assim, o filósofo genebrino e seus discípulos de 1793 teriam cumprido o papel *reacionário* de ressuscitar o absolutismo, conferindo-lhe o aval do voto popular. Mito na acepção mais perversa do termo, a imagem do povo soberano teria servido para ocultar o poder despótico de um punhado de iluminados, sobre uma multidão sem ciência e organicidade (ibidem, p.96), constituindo um retrocesso em relação ao movimento que, desde o século XVI, vinha elaborando progressivamente os elementos políticos e intelectuais da negação do Estado, "esta grande e decisiva negação", que "está no fundo da teoria de Morelly" e que "atravessa, incompreendida, todo o século XVIII" (ibidem, p.99).

A eleição de Rousseau e dos jacobinos a inimigos principais da liberdade, traço constante nas análises históricas e políticas de Proudhon, revela bem mais a fúria do seguidor decepcionado do que uma efetiva incompatibilidade de concepções. Essa afinidade secreta com as teses de *Do contrato social* torna-se explícita nas passagens em que Proudhon admite as semelhanças entre a noção rousseauniana de vontade geral e a sua própria. A seu ver, Rittinghausen, ao sustentar e desenvolver a ideia de democracia direta abandonada por Rousseau, devolve coerência ao objetivo deste último de fazer do voto majoritário a manifestação inteligível da vontade do todo. Ou, para usar as palavras de Baczko, a respeito dos paradoxos do genebrino, de fazer da soma de números um 'meio técnico' para expressar a unanimidade.[19]

---

19 "O princípio [rousseauniano] da maioria não é, de qualquer forma, senão um meio técnico por meio do qual deve se manifestar a unanimidade fundamental dos cidadãos, deste 'eu comum' que tem uma vontade só, sempre direta" (Baczko, 1974, p.376).

119

O que procura o senhor Rittinghausen, embora não admita, é o pensamento geral, coletivo, sintético, indivisível, em uma palavra, o pensamento do Povo, considerado, não mais como ser de razão, mas como existência superior e viva. A própria teoria de Rousseau conduzia a isso. O que queria ele, o que querem seus discípulos através de seu sufrágio universal e sua lei da maioria? Aproximar, o máximo que for possível, a razão geral e impessoal, considerando a opinião da maioria como adequada para expressar essa razão. M. Rittinghausen supõe, por isso, que a votação da lei, por todo o povo, irá dar uma aproximação maior que o voto de uma simples maioria de representantes: é nesta hipótese que consiste toda a originalidade, toda a moralidade de sua teoria.

Mas esta suposição implica necessariamente outra, a saber, que há na coletividade do povo um pensamento *sui generis,* capaz de representar ao mesmo tempo o interesse individual e o coletivo, que se podem aferir com uma certa precisão, por um procedimento eleitoral ou de escrutínio qualquer; por conseguinte, que o povo não é apenas um ser de razão, uma pessoa moral, como dizia Rousseau, mas ao contrário, uma pessoa verdadeira que tem sua realidade, seu caráter individual, sua essência, sua vida, sua razão própria ... A ideia da realidade e personalidade do ser coletivo, ideia que a teoria de Rousseau nega expressamente desde o começo, está, no entanto, no fundo desta teoria; mais razão para encontrá-la naqueles que tencionam fazer o Povo intervir de uma maneira mais completa e mais imediata na 'Lei'. (Proudhon, 1979a, p.120)

Os textos citados mostram os diferentes enfoques da crítica proudhoniana ao governo popular. Como mera força do número, a maioria veicula o mais tirânico e insensato dos poderes.[20] A plebe ignorante e passional, amontoada nas assembleias, deixa-

---

20 A aversão do filósofo anarquista pela "democracia de massa" atinge o paroxismo numa passagem da obra *De la Justice dans la Révolution et dans l'Église,* onde o autor declara que, poder por poder, a monarquia absoluta é preferível ao governo popular: "... percebeu-se logo que, substituindo a

-se levar pela demagogia de seus líderes, cuja razão dá conteúdo à vontade do soberano. Por outro lado, erguendo-se sobre o princípio da participação de todos, o governo popular supõe que a Lei resulte do concurso – livre e igualitário – dos cidadãos, isto é, que o uno derive do múltiplo. Vista sob esse aspecto, a vontade geral, tal como foi concebida por Rousseau, tende efetivamente a aproximar-se da vontade indivisa do todo, ainda que, por ser fruto de um pacto, carregue em seu interior a tensão irresolvida entre o interesse comum – resultado do pacto – e o interesse particular que lhe deu origem. Dessa forma, a democracia rousseauniana acaba sucumbindo à 'necessidade' de um poder superior, quase divino, único capaz de encarnar plenamente a 'razão geral': o governo dos sábios.

Com Rittinghausen, a liberdade política estaria atingindo o grau máximo de expansão concebível numa teoria de Estado: sem legisladores nem representantes, a opinião da maioria emerge do conjunto dos cidadãos em permanente atividade legislativa. Em assembleias em que todos participam igualmente na elaboração da Lei, o voto é a expressão direta do pensamento dos participantes; nessas condições, a razão da maioria tende a indentificar-se com a razão coletiva. Porém, tal tendência permanece como tal, porque, diz Proudhon, a teoria de Rittinghausen ainda supõe a necessidade do Estado, concebendo as relações sociais sob o prisma do antagonismo de interesses. Dessa forma, a maioria, por mais amplo e democrático que seja seu processo de constituição e por mais que tenha

---

investidura do povo à igreja, caía-se numa superstição pior, que, ao invés de melhorar e de se consolidar, o poder se depravava: de modo que o fruto de dez séculos de elaboração política tinha sido sacrificado às alucinações de uma demagogia sem tradições, sem ideias, e entregue ao furor de seus instintos. Religião por religião, a urna popular é ainda inferior à santa ampola merovíngia. Ela apenas conseguiu mudar a desconfiança em asco, e o ceticismo em ódio" (L'État, in Proudhon, 1931, p.164).

Patrizia Piozzi

legitimidade para expressar o interesse comum, sempre governa sobre uma minoria, para a qual a lei constitui opressão.

Para Proudhon, contudo, na perspectiva da revolução social, ordem e liberdade não advêm da mudança das formas políticas, mas de uma reorganização da *economia* que, ao reconciliar os interesses, torna leis e magistrados desnecessários. Essa concepção, a seu ver, já presente nas utopias do século XVIII, teria um importante desenvolvimento no sistema saint-simoniano, antes de encontrar formulação plena em suas próprias teses. Como vimos antes, entre seus contemporâneos, Saint-Simon parece-lhe o que mais se aproxima da visão anarquista, por ter previsto a substituição do poder político-militar pela administração dos produtores associados. A grande originalidade de seu método consistiria em pensar a extinção do Estado não a partir de uma abstrata noção de igualdade jurídica, mas baseando-se na observação objetiva da história das sociedades.[21]

Enfim, o processo inaugurado no século XVI pelos contratualistas modernos teria seu cumprimento pleno na proposta proudhoniana de 'constituição do valor':

Todos os caminhos levam a Roma, diz o provérbio. Toda investigação conduz também à verdade.

O século XVIII, como acredito ter mais do que demonstrado, se não tivesse sido desviado pelo republicanismo clássico, retrospectivo e declamatório de Rousseau, teria chegado, pelo desenvolvimento da ideia de contrato, isto é, pela via jurídica, à negação do Governo.

---

21 Proudhon, 1979a, p.99-102. Na análise do autor, a "observação dos fatos" teria permitido a Saint-Simon descobrir uma lei de evolução histórica, análoga à que rege o crescimento individual. Demonstrando o vínculo necessário entre a era administrativa e a fase adulta da humanidade, o autor do *Novo cristianismo* teria dotado a negação do Estado, já presente nas teorias contratualistas, de um fundamento científico.

Esta negação, Saint-Simon a deduziu da observação histórica da educação da humanidade. Eu a deduzi, por minha vez – se me permitem citar a mim próprio, neste momento em que represento, sozinho, o elemento revolucionário – da análise das funções econômicas e da teoria do crédito e da troca. Não necessito, acho eu, para estabelecer esta terceira apercepção, lembrar as diversas obras e artigos em que se encontra exposta: nos últimos três anos fizeram bastante barulho. (ibidem, p.102)

O tom megalomaníaco e profético, que provoca no leitor uma reação de distanciamento irônico, não chega a descaracterizar o sentido do enunciado descrito anteriormente: a reconciliação dos interesses e funções pela reforma econômica faz com que a liberdade resulte necessariamente em ordem. Sem leis, magistrados, nem polícia, a vida pública se organiza horizontalmente nas comunas, corporações, departamentos etc. Os indivíduos participam diretamente na elaboração dos 'contratos', expondo sem restrições seu ponto de vista. Ao mesmo tempo, Proudhon não parece duvidar que as regras sejam, sempre, consagradas por unanimidade. Dessa forma, a razão pública, resultado unitário do pluralismo ideológico, não traz em si a marca da divergência.

Essa conclusão supõe que a identidade de interesses em meio às infinitas funções e trocas estabelecidas na economia se reflita na ausência de antagonismo entre as correntes de opinião, configurando o debate como um processo de esclarecimento, ao longo do qual o indivíduo supera seu ponto de vista inicial e adquire o da totalidade. Este, por sua vez, forma-se pela – e na – articulação das partes. Objetivada no contrato, a razão geral é a mesma em toda comuna, departamento etc., de forma que

tratar com cada um dos outros grupos e com todos seria como se minha vontade se repetisse ao infinito. Eu estaria certo de que a lei assim elaborada em todos os pontos da República, por milhões de iniciativas diferentes, não seria nunca outra coisa senão a minha lei, e se essa nova ordem de coisas fosse chamada governo, então esse governo seria o meu. (ibidem, p.171-2)

Apesar de ser, do ponto de vista formal, uma convenção e, como tal, permanentemente sujeito à mudança, o contrato não é, no que diz respeito à estrutura e interesse básicos da comunidade, fruto de um acordo intersubjetivo: nele se articula a vontade soberana da natureza, *descoberta* pelo embate de opiniões. Por conseguinte, a defesa da mais irrestrita liberdade de pensamento, um dos traços distintivos do libertarismo proudhoniano, justifica-se pelo papel que as opiniões têm na constituição do Uno. No entanto, se a razão individual não se submeter à evidência da verdade, se teimar em manter seu ponto de vista e procurar efetivá-lo pela organização de partidos e tendências, torna-se um elemento inorgânico e desagregador do social. Isso não é de admirar pois:

> O novo regime, baseado na prática espontânea do trabalho, de acordo com a razão social e individual, é o regime do Direito Humano. Opondo-se à arbitrariedade é essencialmente objetivo, não permite a criação de partidos nem seitas; é o que é e não admite restrições nem divisões. (ibidem, p.205)

Evidentemente, cabe a todos os membros do organismo garantir a efetividade das normas contratuais. Nas páginas indignadas em que denuncia os horrores das torturas e da pena capital na França, Proudhon argumenta contra a repressão estatal não só em nome da tolerância, mas em defesa da justiça. Na sociedade ordenada pelo Estado, em que os cidadãos não elaboram nem administram diretamente as leis, sua transgressão não constitui crime. Ao contrário, no sistema organizado pelos contratos e regidos pela lei de natureza, desobedecer às normas significa atuar contra a verdade, da qual a razão de cada um é portadora. Nesse sentido, o crime não pode ser punido, mas confessado e reparado voluntariamente, por um acerto de conta do indivíduo com a própria consciência:

> A justiça é um ato da consciência, essencialmente voluntário: ora, a consciência não pode ser julgada, condenada ou absolvida a não ser por ela mesma: o resto é guerra, regime de autoridade e de barbárie, abuso de força. (ibidem, p.215)

Entre os escritos políticos que têm nos acontecimentos de 1848 um referencial direto, a *Ideia geral da revolução no século XIX* é o que reafirma mais incisivamente o ideal anarquista. Proudhon crê que as experiências da "primavera dos povos" sejam apenas mais um passo na grande reviravolta, iniciada em 1789, da qual deve emergir a ordem anárquica. No que diz respeito à reforma econômica, reafirma-se, nesse texto, o programa já existente no primeiro memorial sobre a propriedade. No entanto, sintoma talvez do fracasso dos sonhos românticos alimentados pela esquerda nos anos pré-revolucionários, o entusiasmo igualitário e socializante da juventude dá lugar a uma visão mais desencantada e 'realista' das relações humanas. O ataque às doutrinas coletivistas, que nas obras anteriores centra-se em seu caráter autoritário e nivelador, aqui se dirige também contra suas ilusões: querem substituir 'fantasias' tais como amor, fraternidade e solidariedade aos interesses concretos que geram a associação humana. Enquanto, no Primeiro Memorial, o crítico implacável do individualismo profetizava o advento de uma convivência fraterna e realçava sobremaneira a origem e o objetivo social da propriedade, aqui se opondo aos devaneios dos socialistas, defende o "egoísmo do povo", "a primeira das leis em matéria de política" (ibidem, p.179).

A maior ênfase às exigências do interesse particular e o ceticismo em torno da suposta propensão solidária do ser humano não chegam, porém, a mudar as teses fundamentais contidas em *O que é a propriedade?*. Tal como então, igualmente distante

Patrizia Piozzi

do capitalismo e da comunidade dos bens, um pequeno burguês eternamente indeciso entre o capital e o trabalho – na impiedosa definição de Marx[22] –, Proudhon continua acreditando na iminência da grande transformação econômica que irá constituir a troca legítima entre iguais.

A incorporação das descobertas científicas e das transformações técnicas faz com que o modelo econômico de Proudhon se distancie das proposições agraristas e passadistas de Rousseau e, sobretudo, de Deschamps, em que a identidade de interesses supõe uma simplificação radical das atividades produtivas. Na esteira de Morelly e Saint-Simon, em seu sistema as enormes diferenças geradas entre os produtores pelo avanço industrial complementam-se funcionalmente umas às outras, sem provocar "... a divergência ou a pluralidade do poder nem a diversidade do produto final" (L'État, in Proudhon, 1931, p.262).

Da mesma forma, a diversidade de opiniões não é incompatível com a unidade orgânica do corpo político, já que, pelo debate, o múltiplo se transforma permanentemente em uno. Resultante do processo democrático de esclarecimento, o uno está em todos e todos são o uno, como fica claro no apagar-se dos limites entre consciência individual e coletiva diante do crime. Culpado e juiz se fundem na mesma pessoa e, pela confissão, o transgressor se reintegra plenamente à consciência universal que está refletida em sua própria consciência. Nesses termos, a autoridade do todo sobre as partes não assume a forma, exterior e coercitiva, do Estado, nem mesmo a da coletividade anônima e onipresente no controle do indivíduo, mas a da "autocracia de cada um sobre si", legitimada na adesão voluntária e inteligente à reta razão.

---

22 "Pretende Proudhon, como homem de ciência, pairar acima de burgueses e proletários, mas não passa de um pequeno burguês que oscila, constantemente, entre o capital e o trabalho, entre a economia política e o comunismo" (Marx & Engels, 1982a, p.119).

Os arquitetos da ordem anárquica

Da anarquia ao Estado

As concepções autogestionárias, a ideia da revolução como mudança infinita, a negação do Estado em nome da autonomia individual contribuem para inscrever Proudhon entre os fundadores do chamado socialismo libertário. O vigor e a frequência de seus ataques ao autoritarismo político, religioso ou intelectual compõem a imagem do livre pensador, inimigo de "... toda doutrina que aspira secretamente à prepotência e à imutabilidade ... que se lisonjeia por dar a última formulação da liberdade e da razão" (Proudhon, s.d., cap.I, p.117-8). Ao longo dos séculos XIX e XX, a literatura militante e científica que se filia à tradição libertária e antiestatista do socialismo costuma reconhecer em sua utopia anárquica um modelo paradigmático para as tendências contemporâneas que procuram uma alternativa democrática entre a desigualdade capitalista e o autoritarismo burocrático,[23] consubstanciado, no século passado, nos governos do 'socialismo real'.

---

23 A imagem do Proudhon 'anti-Marx' foi difundida pelas correntes da Primeira Internacional dirigidas por Bakunin, que encontravam em suas críticas ao poder um lastro teórico para combater o grupo marxista, a quem atribuíam a proposição de um socialismo autoritário e estatizante. No século XX, autores como Gurvitch, Ansart, Guérin e, no Brasil, Fernando Motta, também reconheceram em Proudhon o autêntico representante de um socialismo autogestionário e enraizado nos movimentos autônomos dos trabalhadores. Consultar, a esse respeito, Ansart, 1969; Gurvitch, 1965; Guérin, 1978; Motta, 1989.

Os aspectos conservadores do pensamento proudhoniano, como a crítica feroz à ideia de igualdade jurídica dos sexos, têm sido, nessa literatura, ou ignorados ou considerados traços marginais, que não chegam a desfigurar o caráter progressista e atual de sua mensagem. A posição nitidamente conservadora de Proudhon sobre a 'questão feminina', na mesma época em que Saint-Simon e Fourier proclamavam a igualdade dos sexos, tem sido bastante incômoda para os autores que realçam o fundo libertário de sua doutrina. Ansart, por exemplo, justifica a crítica do 'obreiro'

Patrizia Piozzi

A certeza de que a anarquia é o regime em que a liberdade se objetiva pela adesão voluntária à lei da natureza mantém-se inalterada ao longo de toda a trajetória intelectual do autor, que a explicita com extrema clareza em um de seus últimos e mais importantes livros:

Como variedade do regime liberal, assinalei a ANARQUIA ou Governo de cada um por si próprio, em inglês, *self-government*. Na medida em que a expressão "Governo anárquico" implica uma certa contradição, a coisa parece impossível e a ideia absurda. No entanto, nos cabe apenas, aqui, recuperar a língua: a noção de "anarquia", em política, é tão racional e positiva quanto qualquer outra. Ela consiste no fato de que, estando as funções políticas reconduzidas às funções industriais, a ordem social resultaria apenas das transações e das trocas. Cada um poderia se dizer autocrata de si mesmo, o que expressa o outro extremo do absolutismo monárquico. (Proudhon, 1921, p.56)

As oscilações e ambiguidades nas teses políticas de Proudhon, mais acentuadas a partir dos anos posteriores a 1850, não dizem

---

Proudhon ao trabalho feminino vinculando-a à representação da 'mulher guardiã do lar', mais forte no imaginário dos trabalhadores à medida que a mão de obra feminina desagregava a família operária. Além disso, a seu ver, o antifeminismo do ex-impressor de Besançón não deixava de ser uma resposta polêmica à burguesia, entre a qual a emancipação da mulher tinha mais eco (cf. Ansart, 1973). Fernando Motta também deixa a questão entre parênteses, limitando-se a comentar que "... se é verdade que Proudhon foi um pensador muito livre, é também verdade que a instituição da família nunca mereceu sua crítica" (Motta, 1989, p.128). A nosso ver, esses autores desconsideram o papel central ocupado pela mulher 'doméstica' no sistema proudhoniano, erguido sobre a divisão do trabalho. Nesse sistema, o casamento é o lugar privilegiado de manifestação da justiça, já que, graças à subordinação da mulher, a complementaridade dos papéis sociais realiza-se nele sem empecilhos. A seu ver, a igualdade feminina traz o antagonismo e a competição para dentro da família, erodindo e desagregando o corpo social em sua própria base.

respeito à concepção de anarquia, mas à possibilidade de sua implantação efetiva. Ainda que tenha acreditado até o fim da vida no progresso das luzes, em sua época madura a fé na reconciliação definitiva entre a independência do homem e seu destino social é abalada pelo convencimento de que há no indivíduo um traço antissocial irredutível. Dessa forma, a "autocracia de cada um sobre si", ideal supremo de ordem e liberdade, parece-lhe incompatível com a tendência natural dos indivíduos a expandir-se sem outro limite que não a própria força. A razão pública, produto unitário da confluência das opiniões na exuberante imagem organicista dos textos de juventude, é representada, cada vez mais frequentemente, por outra analogia, oriunda também das ciências da vida: a da 'guerra' universal dos seres vivos em busca de espaço, onde o equilíbrio se mantém pela contenção compulsória de cada força nos limites compatíveis com a sobrevivência geral.[24]

Nesse contexto, as teses proudhonianas a respeito da "revolução permanente" e "mudança infinita" podem ser lidas, também, a partir da tensão, que permeia seu pensamento, entre o otimismo advindo das concepções cientificistas e progressistas e o pessimismo do observador de homens e conjunturas, cético em torno de soluções racionais definitivas. A ideia de que o homem é um ser 'moralmente defeituoso', aparece já em algumas

---

24 Pierre Haubtmann, autor de várias e volumosas obras sobre a vida de Proudhon, julga que, a partir de 1855, o filósofo francês abandonou definitivamente a ideia de síntese, a favor da outra, do equilíbrio de forças. Segundo o comentador, o reconhecimento, explícito, a partir de então, de que "... a coexistência dos antagonismos é a condição mesma de toda a vida social" constitui "... o aspecto mais profundo e sedutor" da dialética proudhoniana. Cf. Haubtmann, 1981, p.128 e 284. No entanto, a nosso ver, a interpretação dessa mudança em chave primordialmente libertária desconsidera que ela se deve, também, ao pessimismo do filósofo em torno da capacidade humana de conciliar o interesse comum e particular, atingindo suas convicções anarquistas. É o que procuramos mostrar daqui por diante.

passagens de *O que é a propriedade?*, por exemplo, quando atribui ao coletivo o "... direito de, no interesse de sua própria subsistência, vigiar os abusos" (Proudhon, 1926, p.224).

A alusão, aí contida, à necessidade de se reprimir atitudes antissociais dos indivíduos, transforma-se, no sétimo capítulo de sua *Filosofia da miséria*, em uma violenta catilinária contra a grande maioria dos socialistas, acusados de atribuir a origem do mal às instituições sociais, inocentando o indivíduo. O libertarismo de Saint-Simon, Fourier e outros torna-se perigoso à estabilidade social, por estar baseado no falso pressuposto da bondade humana. Todo o argumento do autor procura mostrar que o desenvolvimento das contradições econômicas objetivas não explica os excessos de desigualdade e antagonismos nas sociedades humanas. Estes devem ser debitados à "malformação" moral do homem, em quem o egoísmo, tanto quanto seu oponente, o amor, é lei primordial da natureza (cf. Proudhon, 1923, p.355).

Numa linguagem hiperbólica e às vezes quase apocalíptica, o autor retrata a depravação geral da sociedade capitalista, manifesta na cupidez dos ricos e na preguiça dos pobres:

> Assim, do mesmo modo que a opulência confessa suas rapinas, a miséria confessa sua indignidade. O homem é tirano ou escravo por sua própria vontade, antes de sê-lo por condição: o coração do proletário, como o do rico, é um antro de fervente sensualidade, um foco de crapulice e de impostura. (ibidem, p.356)

O ceticismo em torno da natureza moral do homem embasa a certeza de uma dicotomia insolúvel entre a razão individual e a razão pública, dominante na filosofia de Proudhon após 1855. Em vários textos da extensa obra em que trata da questão da justiça, a oscilação da imagem do social entre a complementaridade e o antagonismo se faz evidente no tratamento ambíguo dado àquela noção. Retomando e reformulando aí as teses de

O que é a propriedade? a respeito do sentimento social,[25] Proudhon refuta as doutrinas que fazem derivar a justiça dos mandamentos divinos ou dos acordos de interesses, ambas determinações externas à consciência, procurando os seus fundamentos numa lei de natureza que atua no foro íntimo de cada homem, "uma força da alma, forma da vontade, energia interior, instinto social" (Proudhon, 1932, p.314), identificável pelo intelecto na forma permanente e inquestionável de equação, e atuante na consciência como um ditame absoluto e direto (ibidem, p.433).

Segundo Pierre Haubtmann, o enraizamento do dever numa forma inata da sensibilidade invalida as interpretações 'sociologizantes', baseadas em textos de menor importância, como a carta a Cournot. Em sua óptica, enquanto o pensamento genuinamente sociológico explica o fato moral a partir da realidade coletiva, para Proudhon esta apenas desenvolve e educa o sentimento de dever inato em todos os indivíduos.[26]

---

25 Enquanto na obra juvenil, Proudhon, mais confiante na bondade humana, fundava a sociabilidade na simpatia mútua e no amor, aqui debita a essência social dos homens não à afeição recíproca, que a seu ver aproxima os homens apenas circunstancialmente, mas a um sentimento inato de justiça, pelo qual cada um reconhece no outro um ser *igual* a si (cf. Conscience et liberté, in Proudhon, 1932, p.323-479).

26 Na interpretação de Haubtmann, pensadores tão diferentes como Marx, Comte e Durkheim podem ser igualmente classificados como sociólogos, no sentido moderno do termo, por explicarem "... a interioridade humana 'objetivamente', 'positivamente', 'cientificamente', pelos condicionamentos sociais..." (cf. Haubtmann, 1980a, p.194). A filosofia social de Proudhon, em contraste, seria dominada pela certeza 'metafísica' de um sentimento de justiça inato e universal, que através da sociedade se desenvolve e realiza. No entanto, Haubtmann reconhece que, em alguns escritos, como o "Curso de economia", conjunto de anotações inéditas elaboradas entre 1851 e 1855, Proudhon manifesta fortes pendores para a explicação sociológica. Nesse contexto, a carta a Cournot, de 1853, sintetiza as teses "escandalosas" contidas no "Curso de economia", afirmando que "... a moral é uma revelação que a sociedade, o coletivo, faz ao homem, ao indivíduo..." (Proudhon, P. J. "Lettre a Cournot", 31/10/1853, apud Haubtmann, 1980a, p.173).

Patrizia Piozzi

A interpretação de Haubtmann, a nosso ver correta no que diz respeito ao fundo metafísico da doutrina de Proudhon, não dá, porém, devida importância ao papel relativo que esta atribui ao sentimento moral inato na construção da ordem justa. Como vimos antes, nos próprios textos de *De la justice dans la Révolution e dans l' Église* [Sobre a justiça na Revolução e na Igreja], obra que Haubtmann considera central para suas teses, encontramos, ao lado da ideia da tendência inata do homem à integração social, a outra, que afirma o caráter irredutivelmente egoísta da personalidade humana. O mesmo autor que em outros textos reconhecia na vida em comum o meio orgânico imprescindível à expansão sem obstáculos das tendências individuais, passa a tratar como uma ficção ingênua o 'otimismo panteísta' dos que acreditam na perfeita harmonia entre os seres vivos, afirmando que "a guerra é universal e desta guerra resulta o equilíbrio" (Conscience et liberté, in Proudhon, 1932, p.406). Por analogia, na sociedade o jogo antagônico dos indivíduos dá origem ao equilíbrio social, consubstanciado na 'razão pública',

> resultante de todas as razões ou ideias particulares, cujas diferenças, provenientes da concepção do absoluto e de sua afirmação egoísta, se compensam por sua crítica recíproca e se anulam. (ibidem, p.267)

Fica difícil, diante dessas afirmações, acreditar que o reino da autocracia de cada um sobre si venha um dia se realizar integralmente, já que o debate é concebido aí como um *embate* de opiniões e interesses em busca de afirmação absoluta, cuja anulação recíproca não significa, necessariamente, integração. A dissociação entre ser coletivo e ser individual torna-se evidente quando Proudhon reconhece neles realidades não apenas diferentes, mas opostas, estranhas entre si, atribuindo ao primeiro funções próprias, semelhantes às da divindade, à medida que as "potências e as leis da Natureza" encontram nele sua expressão plena. A atribuição ao ser coletivo dessa faculdade sobrenatural equivale a negar que a justiça possa se realizar integralmente na consciência individual, incapaz, segundo as próprias palavras do autor, de ser "um bom juiz do direito (Les idées, in Proudhon, 1932, p.270). Este se encarna exclusivamente nas coletividades: nas corporações e grupos de trabalhadores, nas 'comunas' federadas. Por mais que Proudhon procure fundar a vontade coletiva no entrelaçamento espontâneo das opiniões e vontades individuais, que se anulam reciprocamente, fica difícil não identificar nela os indícios de uma autoridade estatal, ou comunitária, já que sua natureza e finalidade se opõem às do indivíduo, sempre empenhado em subordinar o todo a seus interesses exclusivos.

Assim, a anulação recíproca de forças que tendem a absorver e subordinar a si tudo o que as circunda, só tem efetividade se aquelas forem mantidas em condições de perfeito equilíbrio. Em outras palavras, deve-se impedir que elas se associem para formar 'corpos parciais'. A organização de partidos ou de correntes ideológicas ou religiosas pode levar ao domínio do 'absoluto' sobre o 'relativo', do dogma sobre a crítica, do todo sobre as partes, ou das partes sobre o todo: enfim, de qualquer sistema que não seja o que está fundado na natureza e na razão, que, aí, não é mais fruto da "autocracia de cada um sobre si", mas do equilíbrio das forças. Compreende-se, então, por que o herdeiro dos princípios de 1789, que acusava os burgueses, amantes da ordem até a fúria, de não perceberem que há "no conflito uma força organizadora", não admita, porém no novo sistema, a criação de partidos e seitas (ibidem, p.256). A liberdade política dos cidadãos é imprescindível para a construção da ordem pública, desde que não se transforme em instrumento de destruição do equilíbrio. A restrição à liberdade, que na *Ideia geral da revolução no século XIX* fazia um curioso contraste com a concepção racionalista e positiva da história e do homem, adquire aqui uma base antropológica: uma vez que o lado egoísta e antropofágico da natureza humana é irredutível à razão geral, torna-se impossível pacificar a sociedade apenas pelo consenso.

As consequências da tensão irresolvida entre a imagem do organismo reconciliado e a do equilíbrio de forças na teoria política se evidenciam em um dos últimos e mais importantes escritos de Proudhon, *Du príncipe fédératif et de la nécessité de reconstituer le parti de la Révolution* [O princípio federativo e a necessidade de reconstruir o partido da revolução]. Nessa obra, as duas vertentes de sua concepção histórica e antropológica se fundem hibridamente, dando vida a uma forma de Estado descentralizada, capaz de garantir, ao mesmo tempo, a livre participação de todos e a anulação recíproca das forças. Esmaecendo o substrato finalista de sua filosofia da história, o autor reconhece que o confronto entre o princípio de autoridade e o de liberdade, responsável pela emergência do Estado e constitutivo do político, nunca chega a um fim (cf. Proudhon, 1921, cap.I, passim). Não obstante isso, o movimento histórico gerado por esse embate, apesar de infinito, se faz rumo a formas cada vez mais liberais de organização, por um progresso contínuo, que tem seus pontos extremos de referência na monarquia e no federalismo. A análise proudhoniana dos sistemas autoritários e de seus opostos mostra uma nítida distinção entre liberdade como exercício democrático do poder social e instrumento para efetivar a vontade dos sujeitos empíricos. Assim, nas formas autocráticas de poder, o autor contesta não apenas a falta de liberdade pública, mas também a fraqueza governativa ligada justamente à incapacidade do Estado em conter a atuação livre, arbitrária, dos indivíduos. De fato, no regime autocrático por excelência, a monarquia absoluta, a autoridade, concentrada na pessoa do rei, tende a se tornar ineficaz à medida que a sociedade cresce e se diversifica, gerando a multiplicação de interesses e vontades. O monarca, inicialmente encarnação única e indivisível da lei social, é obrigado a governar por um quadro de funcionários e auxiliares cada vez maior. Dessa forma, interesses e vontades particulares penetram no Estado, gerando necessariamente sua corrupção e enfraquecimento. Nem mesmo a progressiva retração do princípio autoritário, consubstanciada pelo advento das monarquias constitucionais e das repúblicas representativas, transforma esse panorama de modo radical, já que tais regimes, embora ampliem enormemente a participação da sociedade na vida política, mantêm em essência a mesma estrutura centralizada e unitária de poder. Este, anteriormente monopólio do arbítrio dos 'grandes', passa a ser disputado pelas classes e grupos sociais e por seus líderes, movidos, também, por razões subjetivas e arbitrárias, opostas à verdadeira razão coletiva.

O caráter arbitrário da liberdade revela-se, na monarquia constitucional, nas assembleias eleitas pelo voto censitário, um dos meios pelos quais a burguesia utiliza a máquina estatal para impor sua ditadura de classe. Na república unitária, o sufrágio universal conduz ao poder os demagogos endeusados pela plebe ignorante e irracional.

É fácil concluir que, na óptica de Proudhon, o alargamento das liberdades públicas, se não for acompanhado da submissão de todos à ordem racional, conduz a novas formas de autoritarismo. Para garantir a efetividade dessa ordem entre sujeitos cujo lado 'obscuro' nunca é totalmente vencido pela educação, torna-se necessário pensar uma forma política capaz de inibir o desenvolvimento do arbítrio. Essa forma é, para Proudhon, o sistema federativo. Em oposição ao pluralismo político da República unitária, instrumento para o poder absoluto de grupos e classes, o pluralismo administrativo da federação, desde que vinculado à reorganização econômica das funções e das trocas, garante a integração da liberdade a seu destino solidário e igualitário. Num sistema horizontal, que liga os indivíduos às comunas e as comunas à federação, cada membro adquire o direito – e o dever – de dirigir o organismo social, realizando assim a essência da democracia, que "consiste na separação dos poderes, na distribuição das tarefas, no controle e responsabilidade" (ibidem, p.66).

Encarado do ponto de vista organizativo, o sistema federativo parece a Proudhon o mais adequado para realizar a administração direta das coisas. Se se tratasse apenas disso, certamente não teríamos aí nenhuma novidade substantiva em relação ao 'anarquismo' do primeiro *Memorial* e da *Ideia geral da revolução no século XIX*. No entanto, a divisão dos poderes tem também o papel de impedir a emergência espontânea de movimentos e organizações perigosos à estabilidade social. Sob esse aspecto, no pluralismo federativo, o equilíbrio das forças não é fruto da dinâmica própria à associação espontânea, mas da arte política que encontra na pulverização dos poderes o melhor antídoto contra as facções e movimentos contestatórios.

A surpreendente adesão do filósofo libertário à 'razão de Estado' fica explícita quando este reconhece na federação o mais eficaz instrumento político contra os motins de massa. Em seu argumento, enquanto a república unitária é obrigada a aumentar o exército permanente e a restringir o direito de sufrágio, no sistema federativo o poder descentralizado dificulta a aglutinação e o propagar-se das forças subversivas, e ramifica o controle por toda a sociedade, cortando o mal pela raiz:

> O sistema federativo corta de vez a efervescência das massas e todas as ambições e práticas da demagogia: é o fim do regime de praça pública, dos triunfos dos tribunos, como da absorção das capitais. Que Paris faça revoluções no recinto de seus muros: para que, se Lyon, Marselha, Toulouse, Bordeaux, Nantes, Rouen, Lille, Strasbourg, Dijon etc., se os departamentos, donos de si, não a seguem? Paris pagará seu preço. A federação torna-se desta forma a salvação do povo: porque o salva, dividindo-o, seja da tirania de seus líderes, seja de sua própria loucura. (ibidem, p.145)

Enfim, Proudhon, crítico virulento da democracia política baseada no sufrágio universal, defende o voto popular direto para a eleição de todos os cargos administrativos. Não há aí nenhuma incongruência de pensamento: o pleito para todas as funções estatais não interfere nos fundamentos da sociedade, já que não se vota em partidos, mas apenas em funcionários. Por essa razão, o critério majoritário não constitui instrumento de perturbação da ordem política: as insatisfações podem gerar revoltas contra pessoas, jamais contra o próprio sistema, que toma uma forma decididamente orgânica, resistente a qualquer revolução. Trata-se de uma conclusão no mínimo curiosa para quem se declara inimigo de toda doutrina que pretende "dar a última fórmula da liberdade e da razão".

A nosso ver, as incoerências e contradições, tão frequentemente apontadas pelos comentadores de Proudhon, não podem ser debitadas exclusivamente, como tem sido corrente, ao ecletismo e à assistematicidade de sua formação intelectual e política: revelam, também, o impasse de uma proposta que pretende realizar a soberania do indivíduo mediante sua submissão voluntária a leis da natureza e da razão. Nessa óptica, a anarquia torna-se possível apenas se as normas universais não se dissociarem dos desejos, opiniões, interesses de cada um. Caso contrário, a razão geral é obrigada a forjar instrumentos de manutenção do sistema. Tal impasse se revela na concepção proudhoniana de federalismo. De fato, a cidadania plena que sustenta o contrato federativo supõe uma humanidade adulta e esclarecida, para quem a liberdade é instrumento de realização da justiça. Enquanto o Estado autoritário cumpria, na infância e juventude da espécie humana, a missão de "domesticar e fixar as multidões indisciplinadas e grosseiras",

ela [a federação] é a Liberdade, já que exclui a ideia de coerção, e ergue-se sobre a noção de contrato bilateral, comutativo e limitado, e seu objetivo é o de garantir a autonomia soberana aos povos que reúne, aqueles portanto que no começo deviam ser mantidos sob o jugo, esperando que fossem capazes de se autogovernarem pela razão. A civilização, numa palavra, sendo progressiva, o governo federativo não poderia se estabelecer desde o início. (ibidem, p.126)

Porém, o observador pessimista da natureza humana se choca com o filósofo da história, recusando-se a crer que o poder civilizatório da razão possa, um dia, transformar cabalmente o egoísmo e a ignorância dos homens em seus opostos. Visto dessa perspectiva, o sistema federativo configura uma genial concepção da arte política para controlar – invisivelmente – os átomos sociais em busca de afirmação individual.

A confluência e mistura dos dois pontos de vista revelam-se em várias passagens, em que a imagem do equilíbrio das forças torna-se indistinguível da que representa a divisão das funções:

Vale para elas [as forças industriais] a mesma coisa que para os poderes no Estado e para os órgãos nos animais; isto é, que a divisão justamente é o que faz sua força e sua harmonia. (ibidem, p.161)

Se se entender, aí, por *divisão do poder*, a partilha das decisões e responsabilidades públicas entre homens racionais e dotados de sentimento moral, a metáfora remete nitidamente ao vínculo solidário entre liberdade e ordem social. Ao se pensar a divisão dos poderes como instrumento para disseminar e igualizar as forças antagônicas, o sentido da comparação torna-se menos imediato. De fato, nos organismos animais o equilíbrio entre as forças se faz naturalmente. Ao atribuir o mesmo resultado à arte política, Proudhon introduz um elemento artificial em sua construção: os cientistas descobrem a fórmula capaz de manter o equilíbrio de forças e a aplicam à sociedade, corrigindo a desordem natural das coisas. Em outras palavras, renasce o Estado.

4
Proudhon e a classe operária

Num ensaio clássico sobre a doutrina de Proudhon, Georges Gurvitch (1965, passim) lhe atribui os fundamentos teóricos de um coletivismo socialista, organicamente enraizado nos movimentos autônomos dos trabalhadores. A seu ver, a 'democracia dos produtores' proudhoniana opõe-se radicalmente seja à 'feudalidade capitalista', seja ao socialismo estatal, apontando para a gestão descentralizada da economia. As companhias obreiras, federadas pela troca mútua de serviços e produtos, constituiriam a antevisão profética das experiências advindas dos *soviets* e conselhos operários que, ao longo das primeiras décadas do século XX, alimentaram entre as esquerdas revolucionárias a esperança de uma alternativa democrática às formas políticas burguesas e às suas oponentes jacobinas.

Em favor de sua interpretação, Gurvitch ressalta dois aspectos centrais da proposta proudhoniana. Em primeiro lugar, atribuindo às empresas autogeridas a condução da infraestrutura pública, sua economia política estaria submetendo o mercado a um planejamento econômico global, construído coletivamente, de baixo para cima. Em segundo lugar, ao propor a abstenção do operariado de toda disputa eleitoral com as forças burguesas, sua concepção de democracia estaria encaminhando-se para o rompimento com o sistema capitalista e com as formas de poder que lhe são típicas. Já no que diz respeito às forças sociais e políticas capazes de gerar o processo de transformação, Gurvitch reconhece em Proudhon um defensor intransigente do primado da prática em relação à teoria, para quem o programa revolucionário emerge da experiência direta dos trabalhadores e não da elaboração abstrata de intelectuais preocupados em encaixar a realidade em esquemas preconcebidos. A valorização do concreto, do espontâneo, da aprendizagem histórica direta faria dele o primeiro grande oponente daquelas doutrinas que negam ao movimento autônomo dos trabalhadores a capacidade de reorganizar racionalmente as relações sociais, conferindo à teoria o papel de produzir o novo e levá-lo, de fora, às massas.

Como tantos outros intelectuais e militantes das esquerdas heterodoxas do século XX, Gurvitch parece procurar, entre os fantasmas do período heróico do socialismo, trilhas para iluminar seus impasses contemporâneos, agravados após a Segunda Guerra Mundial. Vislumbra, nas proposições proudhonianas, um projeto alternativo entre a integração ao capitalismo e o domínio burocrático. Alguns anos mais tarde, no início da década de 1970, a ideia de uma sociedade dirigida autonomamente pelos produtores teve grande força nas contestações operárias e estudantis emersas dos acontecimentos de 1968. Não é por acaso que naqueles anos 'quentes', entre as leituras preferidas dos 'revolucionários', figuram, ao lado dos autores marxistas banidos pela ortodoxia, como Trotsky e Rosa Luxemburg, os clássicos da doutrina anarquista. Nessa época, as 'novas esquerdas' ainda vinculavam as teses autogestionárias à ruptura radical das relações dominantes e à instauração de um regime coletivista, sob a direção dos trabalhadores.

Mais recentemente, com o aprofundar-se da crise do socialismo, as concepções autonomistas têm sido, cada vez mais frequentemente, dissociadas da ideia de revolução anticapitalista, tornando-se, muitas vezes, uma bandeira dos movimentos sociais que reivindicam maior participação e controle sobre a vida econômica e política. Sem questionar os fundamentos da economia de mercado, esses movimentos procuram resistir à crescente centralização das decisões pelos grandes grupos privados e estatais, buscando, por intermédio da organização horizontal e mobilização direta, abrir espaços de influência nas várias instâncias de poder. Nas propostas e teorizações produzidas no bojo dessas novas formas contestatórias encontram-se ecos das teses autogestionárias do século XIX. Seguindo essa trilha, por exemplo, o teórico italiano Pastori (1980) procura mostrar a atualidade da proposta proudhoniana para resolver os impasses da sociedade contemporânea. Em sua interpretação, em contraste com a dialética antagônica e polarizante do marxismo, geradora de um novo poder absoluto, a proposta do anarquista francês recupera a dimensão plural da sociedade, conciliando liberdade e iniciativa privada com as aspirações cooperativas e igualitárias próprias ao ideal socialista. Sua fórmula consistiria em um modelo societário com o perfil da classe média: multiplicação dos proprietários, diferença mínima de fortunas, riqueza baseada no trabalho. Ao propor a propriedade coletiva nas grandes empresas, que exigem considerável variedade de cabeças e mãos, Proudhon estaria adaptando esse ideal às condições criadas pelo desenvolvimento da indústria moderna. Para ele, um sistema autogestionário implicaria uma forma de organização social em que o trabalho independente, garantido pela propriedade privada e pelo livre mercado, se articula harmonicamente à hegemonia econômica das grandes unidades produtivas coletivizadas.

Contrariamente a Gurvitch, que acentua o caráter radicalmente anticapitalista das propostas proudhonianas, Pastori as saúda como precursoras do reformismo trabalhista moderno. O proletariado não constituiria, para o ex-impressor de Besançon, um novo soberano, 'sujeito ontológico' em luta frontal contra o capitalismo, mas a força política capaz de reorganizar as sociedades modernas sobre o princípio do trabalho livre e da justiça distributiva. Tal capacidade lhe adviria, não só de sua posição estratégica no processo de produção, mas, também, das qualidades inerentes à sua condição: o costume ao trabalho comum, a modéstia nas aspirações, a maior necessidade de ajuda mútua o tornariam mais apto a regenerar a sociedade corrompida pelo desejo desenfreado de ganância. Pastori se afasta da interpretação de Gurvitch também ao observar que, embora Proudhon valorize enormemente os movimentos trabalhistas espontâneos, realça, em paralelo, principalmente após 1848, sua insuficiência no processo transformador, defendendo a necessidade de elites esclarecidas, com a missão de educar as massas populares.

Com base nesses diferentes focos interpretativos, este capítulo examina, em primeiro lugar, as concepções autogestionárias, com o objetivo de mostrar que a democracia industrial proposta pelo autor constitui a tradução organizativa do modelo teórico de anarquia, reproduzindo seus impasses. Em segundo lugar, examina, por uma comparação entre os escritos juvenis e os da maturidade, as representações do processo revolucionário e de seus agentes, focalizando nelas a articulação entre o papel da ciência e das Luzes e o das virtudes obreiras.

Autogestão e luta de classes

Em suas famosas *Confessions d'un révolutionnaire* [Confissões de um revolucionário] e em *Ideia geral da revolução no século XIX*, obras escritas no início da década de 1850, Proudhon, ao fazer um balanço dos acontecimentos de 1848,[1] critica a ideologia coletivista e estatizante, norteadora, a seu ver, da política dos "ateliês nacionais". Esta, implementada pelo governo da República entre fevereiro e junho, visava, de imediato, suavizar o problema do desemprego e, a longo prazo, constituir um setor econômico estatal, baseado na cooperação e igualdade progressiva dos salários. O maior defensor dos ateliês, Louis Blanc, acreditava que essas características provocariam seu rápido crescimento a ponto de, em breve, poderem competir com sucesso com o setor privado.[2]

Proudhon julga que, ao pretender criar a cooperação e a igualdade *ex-nihilo*, por um decreto do governo, esse tipo de proposta reflete o caráter utópico, arbitrário e artificial das teorias associacionistas em voga na década de 1840. Contra o autoritarismo das utopias, o filósofo anarquista lembra que a sociedade, analogamente aos seres vivos, é sujeita a boas e más tendências, tendo, porém, caracteres próprios, permanentes. Estes não podem sofrer mutações artificiais, sob risco de morte do organismo:

> Como a tendência da sociedade é má, o problema da Revolução consiste pois em mudar essa tendência, corrigi-la como se faz, com a ajuda de um suporte, com uma jovem árvore; deve-se fazer-lhe tomar uma nova direção, da mesma forma que se desvia uma carroça após tê-la tirado do caminho errado. Toda inovação revolucionária deve consistir nesta correção; não se trata de mexer na Sociedade em si, que devemos considerar como um Ser superior dotado de vida própria, e que, por conseguinte, exclui de nossa parte toda a ideia de reconstrução arbitrária. (Proudhon, 1979a, p.60)

---

1 Para um levantamento detalhado da atuação política de Proudhon nos acontecimentos de 1848, consultar Haubtmann, 1988a; e Dolleans & Pueck, 1948.

2 A esse respeito, cf. Lichtheim, 1970, Leroy, 1962, e Dolleans & Pueck, 1948.

Patrizia Piozzi

As metáforas do jardineiro e do condutor denotam aí o caráter profilático – e conservador – da Revolução.[3] Longe de instaurar o 'inteiramente novo', cabe-lhe combater os obstáculos ao desenvolvimento correto da vida coletiva, isto é, nos termos de Proudhon, restabelecer, por uma reforma do crédito e da propriedade, as condições propícias para o funcionamento efetivo da troca livre e igualitária entre os produtores. Nesse contexto, o coletivismo autogestionário de Proudhon não configura uma alternativa ao regime de troca mercantil, nem, apenas, uma readaptação do programa democrático e pluralista de 1789, mas, sobretudo, um instrumento – econômico e moral – de reforma e conservação da sociedade.

Reafirmando a inadequação da propriedade coletiva no campo e nos ateliês de pequeno e médio porte,[4] Proudhon a justifica

---

3 A respeito do caráter ao mesmo tempo progressista e conservador da Revolução, consultar o texto "Toast à la Révolution", in Proudhon, 1929, p.398-405. Nesse pequeno artigo, inicialmente publicado no jornal *Le Peuple*, em 17/10/1848, Proudhon afirma que todo processo revolucionário concretiza a propensão das sociedades humanas a progredir e, contemporaneamente, a se conservar. O elemento renovador próprio a todas as grandes revoluções consiste no aperfeiçoamento e avanço das formas institucionais e espirituais que constituem a manifestação empírica da justiça ao longo da história. "As revoluções são as manifestações sucessivas da justiça na humanidade" (p.399). No mundo moderno, a tendência dos homens a realizar o ordenamento 'justo' revela-se na aspiração dos trabalhadores à igualdade econômica. Momento supremo do caminho dos homens rumo a formas cada vez mais aperfeiçoadas de igualitarismo, a revolução socialista no século XIX cumpre, ao mesmo tempo, e, por isso, um papel conservador, à medida que devolve equilíbrio ao corpo social dilacerado pelos antagonismos econômicos.

4 Segundo Pierre Ansart, as teses de Proudhon são inspiradas pela organização da oficina de pequeno e médio porte, predominante na França na primeira metade do século XIX. No ateliê, o proprietário participa diretamente do processo produtivo, mantendo uma relação orgânica com os meios de trabalho e com os empregados. Nesse caso, embora o chefe do ateliê seja dono exclusivo de seus teares, não estaríamos diante de uma usurpação, ou 'roubo', já que "... este bem de produção não se converte

nas grandes unidades fabris, onde o produto final é fruto da confluência de funções diferenciadas:

A questão é diferente no caso de certas indústrias, que exigem o emprego combinado de um grande número de trabalhadores, uma vasta utilização de máquinas e braços, e, para me servir das expressões técnicas, uma grande divisão do trabalho, por conseguinte uma alta concentração de forças. Lá, o operário é necessariamente subordinado ao operário, o homem depende do homem. O produtor não é mais, como no campo, um pai de família soberano e livre; é uma coletividade. As ferrovias, as minas, as manufaturas encontram-se nesta situação. (Proudhon, 1979a, p.179-80)

A proposta proudhoniana de organização interna das companhias obreiras reproduz a mesma tessitura da sociedade anárquica, estabelecendo um equilíbrio entre os trabalhadores como membros de um todo orgânico e como indivíduos independentes, dotados de inclinações e exigências diferenciadas. Todos participam na propriedade e direção da empresa, por serem igualmente necessários ao seu funcionamento; ao mesmo tempo, mantêm-se a repartição diferenciada das rendas e a hierarquia das funções, correlatas à variedade de talentos, preferências e esforço pessoal. Para que esse equilíbrio seja o mais perfeito possível, tem papel fundamental a *politecnia*, ou aprendizagem por rotação de funções. Por um lado, essa forma de polivalência industrial, permitindo ao trabalhador experimentar suas capacidades, constitui um instrumento democrático de competição e ascensão na hierarquia da fábrica. Por outro, o sistema rotativo permite ao operário a integração inteligente

---

em um objeto de transações comerciais com fins de lucros, mas se mantém organicamente ligado a seu possuidor que é ao mesmo tempo quem o utiliza" (Ansart, 1973, p.77). Segundo o autor, a comparação das relações de trabalho no ateliê e na grande unidade produtiva teria sugerido a Proudhon a distinção entre posse e propriedade.

Patrizia Piozzi

ao todo, sem interferir na divisão do trabalho. Graças ao regime coletivista e democrático, à instrução enciclopédica e politécnica,[5] o operário da grande indústria, antes mera peça de um mecanismo indecifrável e hostil, torna-se membro de uma totalidade concreta, da qual se sente parte viva e integrante. Cumprindo sua função específica, domina também o conjunto (Proudhon, 1923b, p.374).

Microcosmo da sociedade anárquica, a empresa coletiva articula cooperação e liberdade individual, procurando o ponto de equilíbrio entre diferença e unidade no organismo produtivo. Essa engenhosa teia de relações internas teria seu correspondente, no plano externo, no entrelaçar-se de livre concorrência

---

5 Na obra *De la Justice dans la Révolution et dans l'Église* [Sobre a justiça na Revolução e na Igreja], no estudo dedicado ao "trabalho" (Le Travail), Proudhon acentua enormemente a importância da educação enciclopédica e da politécnica para integrar plenamente corpo e alma, o trabalho individual ao coletivo. Em seu argumento, o conhecimento científico e industrial propicia ao operário a compreensão do elo existente entre sua tarefa e a totalidade da vida produtiva, no espaço e no tempo, fazendo que ele se sinta parte do Grande Ser da Humanidade. A consequência dessa pedagogia seria, segundo Proudhon: "... incalculável. Sem contar o resultado econômico, ela modificaria profundamente as almas e mudaria a face da humanidade ... O trabalho seria divino, seria a religião" (Proudhon, 1932, p.90). É possível concluir daí que um dos principais objetivos da proposta educacional de Proudhon consiste em ligar o produtor animicamente à sua função social, fazendo-lhe amar o trabalho. A reforma educacional, associada à da propriedade, transformaria a cooperação forçada e mecânica característica da fábrica capitalista numa cooperação livre e consentida, criando fortes laços de solidariedade entre os produtores e um verdadeiro culto ao trabalho. A esse respeito, Edouard Berth, opondo a doutrina de Proudhon àquelas correntes que pela revolução pretendem democratizar as benesses do avanço técnico e científico, libertando o homem do trabalho físico, afirma que "... seu socialismo [de Proudhon] não tem nada de sedutor: é um socialismo da produção, um socialismo severo, austero, quase ascético; nada do 'socialismo aristocrático' para o qual a produção é coisa tão simples, tão fácil porque se tornou científica e mecânica" (Berth, 1914, p.111).

146

e na prestação mútua de serviços e socorro entre as empresas autogeridas. A ideia de confiar às companhias obreiras as tarefas de infraestrutura e assistência públicas, formulada em 1851 (cf. Proudhon, 1979a, p.179-87), é retomada e desenvolvida em escritos posteriores, cristalizando-se na proposta de "federação agroindustrial".[6] Unindo a eficiência e autodisciplina resultantes da organização interna das empresas com a honestidade e solidariedade vigentes em suas relações mútuas, a federação tornar-se-ia o antídoto mais eficaz ao saque e à depredação da riqueza pública pelo grande capital, impedindo a emergência de alternativas estatizantes e comunistas. Instrumento de constituição do direito econômico, tal organização complementaria o direito político, conferindo ao federalismo o lastro social necessário à sua estabilidade, uma vez que a hegemonia das empresas autogeridas garantiria o funcionamento harmônico da troca mercantil, fundando-a nas forças do trabalho e da mutualidade. Seu grande alastramento que, segundo Proudhon, resultaria da associação espontânea dos próprios trabalhadores, não iria excluir, de forma alguma, a continuidade do capital privado nos empreendimentos de pequeno e médio porte; ao contrário, à medida que as relações mutualistas se generalizassem, transformando a sociedade à sua imagem, constituiriam o mais eficaz instrumento de defesa da burguesia produtiva contra os abusos dos monopólios, responsáveis pela crescente polarização e antagonismo entre as classes, prenúncios do "terror socialista", um sistema que "é incompatível com as liberdades e garantias de '89, que tinham sua peculiar expressão na classe média" (Proudhon, 1924, p.399).

Portanto, os textos sobre autogestão parecem indicar que as interpretações em chave reformista e conciliadora, como a de Pastori, estão mais próximas da letra proudhoniana do que

---

6 Cf., a esse respeito, Proudhon, 1921, cap.XI.

as que vislumbram nas "companhias obreiras" as precursoras legítimas dos *soviets* e conselhos de fábrica formados no bojo de revoluções anticapitalistas. Fica difícil, porém, enxergar na proposta proudhoniana a 'terceira via', supostamente capaz de recompor as exigências da liberdade econômica com as da igualdade social. Preocupado em garantir que a relação entre proprietários se funde exclusivamente no trabalho, Proudhon não problematiza o fato de que a igualdade de troca, o dispor livremente do próprio corpo, a legitimação das posses no esforço pessoal figuram entre as mais importantes ideias do sistema capitalista em seu nascer, constituindo sustentáculo teórico para seus principais postulados, como os da acumulação primitiva e da democratização das oportunidades. Presa à genealogia moral das relações econômicas, sua crítica à exploração do trabalho se restringe às ideias de usurpação, roubo, mentira, força bruta, sem ir aos fundamentos históricos e lógicos da ordem e ideário burgueses. Como demonstrou Marx, o elemento gerador da desigualdade – e do seu ocultamento – na sociedade capitalista não se funda no estado de 'anomia' moral e jurídica (resultados dessa ordem), mas na instituição de uma realidade econômica em que a troca entre compradores e vendedores é *aparentemente* livre e igualitária.

O modelo proudhoniano sobrepõe as categorias do liberalismo econômico a uma concepção artesanal e pré-capitalista das relações de produção e troca. Por esse modelo, a anarquia do mercado deveria ser extinta pela regulamentação e controle sociais sobre a vida econômica; impedindo a ação de especuladores e atravessadores desonestos e astutos, tal reforma seria suficiente. Como os trabalhadores que defende com tanta paixão, o virulento inimigo do capital não consegue desmontar as peças do espectral jogo de ocultamento operado pela forma mercadoria. Permanece, como eles, prisioneiro das imagens saídas da ideologia liberal: liberdade de escolha, ascensão pelo mérito etc. Imagens continuamente reforçadas pelo funcionamento automático de mecanismos próprios ao sistema, tais como: divisão entre trabalho manual e intelectual, diferenças salariais, estrutura competitiva da fábrica, formação de aristocracias operárias etc. Assim, seu coletivismo autogestionário oscila ambiguamente entre a negação radical do capitalismo e sua reforma. As companhias obreiras negam a propriedade capitalista ao socializar não apenas os meios materiais, mas, o que é mais importante, a direção do processo produtivo. Porém, elas conservam a estrutura competitiva e hierárquica, a proporcionalidade das rendas, a divisão das funções. Esse padrão interno reflete-se exteriormente uma vez que a prestação mútua de serviços e socorro é canalizada para a relação competitiva inerente ao mercado.

Ao deixar em pé, no plano global, modelos de relação econômica postos a serviço da acumulação capitalista, a proposta de autogestão pareceu votada a um destino diferente ao que seu inspirador previa. Em vez de transferir progressivamente a propriedade das mãos do capital para as do trabalho, tais experiências têm sido, no mais das vezes, engolfadas pela burguesia, técnica, cultural e financeiramente superior a seus novos concorrentes. A necessidade de enfrentar a competição nas condições impostas pelo mercado acentua a tendência a reproduzir a divisão hierárquica entre trabalho manual e intelectual. Como consequência mais frequente, as empresas desaparecem ou se descaracterizam totalmente. O integrar-se dos princípios autogestionários às exigências do processo acumulativo revela-se, melancolicamente, na apropriação – e desvirtuamento – que deles fizeram os setores mais modernos do grande capital. Tornando os trabalhadores 'sócios' menores das empresas, as políticas de cogestão mostraram-se bastante eficazes para vinculá-los animicamente aos interesses patronais, aumentando sua produtividade e reduzindo drasticamente os conflitos de classe.

Esses desdobramentos surpreenderiam Proudhon, cujo 'socialismo horizontal' elege como inimigos principais os ociosos, parasitários, expropriadores, aliando-se à burguesia operosa e honesta, herdeira dos princípios de 1789. Tal fusão se expressa, simbolicamente, na abertura das companhias obreiras aos técnicos e administradores de origem burguesa, para que estes 'ensinem' aos trabalhadores os segredos da produção e dos negócios:

> Seria necessário, no que diz respeito à exploração das grandes indústrias, que aos trabalhadores emancipados se associassem talentos industriais e comerciais para iniciá-los na disciplina dos negócios. Seria fácil encontrá-los em boa quantidade: não há burguês que conheça o comércio, a indústria e seus inúmeros riscos, que não prefira um rendimento fixo e um emprego honrado numa companhia operária a todas as turbulências de um empreendimento pessoal, não há um funcionário zeloso e capaz que não deixe uma posição precária para receber um cargo numa grande associação. Que os trabalhadores pensem nisso e abandonem todo sentimento mesquinho e ressentido; há lugar para todos ao sol da Revolução. (Proudhon, 1979a, p.187)

A certeza de que o programa autogestionário e mutual conseguiria harmonizar os interesses da economia privada com os do socialismo permanece em todos os mais importantes escritos de Proudhon, até sua morte. E, acima de tudo, fortifica-se a crença de que no mutualismo encontra-se o instrumento de redenção – e conservação – do mundo civilizado contra seu principal elemento desagregador, a luta de classes.

Inimigo jurado da democracia de massas, acusada de levar ao poder os demagogos ambiciosos e sem escrúpulos, manipuladores da população mitômana e ignorante, Proudhon é, também, crítico implacável das coligações trabalhistas, formadas para arrancar dos patrões aumentos salariais e diminuição das horas de trabalho. Seus argumentos contra a 'guerra de classes' podem ser reduzidos a dois.

Em primeiro lugar, as organizações classistas ferem o princípio da concorrência e, portanto, da liberdade econômica. Embora considere compreensível o surgimento espontâneo dessas 'reações defensivas' dos trabalhadores contra o pauperismo, Proudhon não lhes reconhece, por isso, nenhuma legitimidade. Ao contrário, afirma que subvertem as leis naturais da sociedade e, portanto, assim como as coligações patronais, "... são ilícitas e devem ser reprimidas" (Proudhon, 1924, p.381). A condenação das lutas corporativas do operariado, recorrente em seus escritos desde a juventude,[7] atinge grande virulência numa surpreendente passagem da *De la capacité politique des classes ouvrières* [Capacidade política das classes operárias], em que Proudhon contesta o projeto de lei em favor da legalização dos sindicatos, apresentado ao Parlamento pelo deputado da oposição Ollivier, argumentando que há leis fundadas na natureza e, portanto, irrevogáveis. Legalizar os sindicatos significa, a seu ver, conferir a sanção do direito a formas de relação "... ilícitas por natureza, que nenhuma lei pode inocentar e em favor das quais tudo o que se fizesse seria inútil; de maneira que, se as leis da moral são imanentes à consciência, elas são universais, imprescritíveis, imutáveis" (Proudhon, 1924, p.384). Em seguida, o autoproclamado adversário de todas as formas de poder e dogmatismo que constrangem os corpos e as consciências afirma que o Estado, ao permitir as coligações, estaria substituindo, "... a guerra mercantil e industrial à repressão legalizada; o antagonismo de classe à polícia estatal, o regime da força à disciplina da lei".[8]

---

7 Cf., a esse respeito, Proudhon, 1923b, cap.XIII, passim.
8 Proudhon, 1924, p.391. No mesmo capítulo, Proudhon refere-se ao episódio dos mineiros grevistas do departamento de Loire, fuzilados pelo exército em 1845. Lamentando a violência dos acontecimentos, reafirma, porém, a legitimidade da repressão ao movimento, criminoso por subverter o direito econômico. Em artigo de 1873, em que critica as teses dos mutualistas anárquicos sobre as coligações e lutas econômicas dos traba-

O segundo argumento do autor contra as coligações operárias diz respeito às consequências sociais da greve econômica. A seu ver, toda paralisação do trabalho tende a matar o organismo produtivo, constituindo, sempre, ato antissocial e anticivilizatório:

E como evitar a miséria se não pudermos produzir mais? De que maneira continuaremos a obra penosa da civilização sem um aumento incessante do trabalho físico e intelectual?[9]

Desse ponto de vista, deveriam ser considerados destrutivos e, portanto, criminosos, não só os métodos das coligações, mas, também, seus objetivos de encurtamento da jornada de trabalho e aumentos salariais.[10] Tais aspirações revelam, segundo

---

lhadores, Marx faz uma longa e sarcástica referência às posições antigrevistas de Proudhon, inspirador da corrente: "O mestre, para impedir à classe operária de sair da assim chamada inferioridade social, condena as coalizões que constituem a classe operária em classe antagonista à respeitável *categoria dos patrões, empreendedores, burgueses,* que, estes, certamente preferem, como Proudhon, a *polícia do Estado ao antagonismo das classes.* Para evitar todo desgosto a esta respeitável classe, o bom Proudhon aconselha aos operários (até o advento do *regime mutualista* e apesar de seus 'graves incovenientes'), a liberdade ou concorrência, nossa única garantia" (Marx, 1972a, p.305).

9 Proudhon, 1923b, p.370. Proudhon acusa, aí, os chefes e teóricos das lutas grevistas de provocar a paralisia do organismo produtivo, cometendo com isso ato antissocial e anticivilizatório. Desculpa, porém, a massa operária que, ao entrar em greve, não "sustenta tese alguma", apenas reage por força de inércia à sua situação miserável.

10 Para uma análise alternativa da relação entre aumentos salariais, preços e produção, cf. Marx & Engels, 1982b. Criticando a posição de Proudhon, Marx considera que as greves e os aumentos salariais contribuem para o desenvolvimento da indústria, provocando indiretamente a invenção e aplicação de novas máquinas: "ainda que as coalizões e as greves tivessem como efeito voltar contra elas os esforços do gênio mecânico, sempre exerceram uma imensa influência sobre o desenvolvimento da indústria" (p.154).

Proudhon, a paixão – animalesca – do consumidor que devora e depreda a natureza, enquanto o ato de produzir realiza a essência do homem, ser superior, destinado a enriquecer e embelezar o mundo físico. Movidas, a seu ver, exclusivamente pela busca de confortos materiais, as lutas econômicas entre capitalistas e trabalhadores resultam da degradação moral e ignorância imperantes nas sociedades contemporâneas.

O fundo ascético da economia política proudhoniana, já revelado, antes de 1848, na *Filosofia da miséria*,[11] aprofunda-se em suas obras tardias, em que assume cada vez mais enfaticamente o papel de moderno Catão, fustigador amargo dos costumes de seu tempo. Em *La guerre et la paix* [A guerra e a paz], um de seus escritos mais controvertidos, o filósofo confere à pobreza o estatuto de lei econômica e moral, responsável pelo equilíbrio e harmonia da vida em comum. Trabalho e consumo frugal, além de criarem incessante acréscimo de riqueza, purificam os homens dos apetites egoístas, eliminando as principais causas de seus conflitos. Numa posição teórica próxima à de Rousseau, a pobreza é elevada a fundamento objetivo das

---

11 Em seu longo comentário sobre as greves, Proudhon opõe à guerra econômica das classes a reforma da propriedade, capaz de fundar sobre o trabalho o bem-estar geral. Afirma-se aí que, enquanto os animais sobrevivem destruindo a natureza, levando-a tendencialmente à morte, o homem acrescenta-lhe riqueza e beleza. À medida que a produção realiza a essência do homem, a abundância de recursos e o desenvolvimento tecnológico do mundo civilizado devem ser instrumentos para aumentar e aperfeiçoar o trabalho. Vista desse ângulo, a revolução dos produtores não se faz apenas contra o pauperismo, visando garantir a todos o bem-estar; se faz, também, contra a atitude predatória e devoradora que caracteriza a sociedade moderna. A esse respeito, Berth lembra que Proudhon "... denuncia a ilusão da riqueza, acusando os socialistas de lhe terem cedido demais. E ele põe como lei fundamental da economia o que chamava a lei de pobreza, que conserva nossa dignidade e nosso aperfeiçoamento moral e espiritual. Para ele, longe de ir diminuindo, a ocupação, ao contrário, irá aumentar, e nós seremos sempre pobres" (Berth, 1914, p.111).

Patrizia Piozzi

atitudes cooperativas e igualitárias entre os homens, condição para manter a unidade da espécie.

Exaltando a sabedoria dos moralistas antigos, por terem compreendido que "a pobreza é o princípio da ordem social e única felicidade aqui embaixo" (Proudhon, 1927a, p.331), Proudhon dissocia radicalmente progresso e riqueza material, afirmando que a civilização de uma sociedade mede-se por sua riqueza espiritual, em outras palavras, pela virtude e ciência que suas instituições públicas e seus líderes irradiam para o conjunto dos membros. O ideal da cidade virtuosa e sábia sintetiza-se em uma fórmula simples:

> Viver com pouco, trabalhando muito e aprendendo sempre, é a regra que o Estado deve ensinar aos cidadãos com o seu exemplo. (ibidem, p.332)

A opção por um paradigma social baseado na pobreza dá consistência à condenação das lutas econômicas dos trabalhadores. Enquanto para Marx as batalhas salariais compõem o primeiro traço da identidade de classe nos operários, na óptica de Proudhon elas exemplificam a falta de ciência e virtude que aflige as sociedades contemporâneas, escravas dos interesses e dos prazeres materiais. Encarada desse ponto de vista, toda luta de classe contra classe é movida por objetivos corporativos, parciais, e torna-se necessariamente destrutiva, contrária às leis gerais da sociedade. Sua última obra, *A capacidade política das classes operárias*, contém um incisivo alerta ao proletariado nesse sentido: se este continuar dirigindo sua força organizada para agitações e brigas estéreis com os patrões, arrisca-se a permanecer "indiferente aos princípios da economia política, que são os da Revolução; deve ter consciência de que está faltando com seus deveres e será um dia julgado pela posteridade" (Proudhon, 1924, p.151).

Resultado tardio da procura – permanente ao longo de sua obra – de uma força política e social dotada de ciência e virtude,

A capacidade política das classes operárias atribui ao proletariado a tarefa de concluir a revolução inaugurada pela burguesia em 1789. Como veremos, a proposta de separação política das classes constitui, curiosamente, condição imprescindível para reconciliá-las. Sob a hegemonia do operariado, a Revolução dirige-se contra a moral utilitária e individualista, que tem na luta de classes seu produto mais letal. A seguir, discutimos essa problemática, mediante um exame das representações proudhonianas da Revolução e dos seus atores.

Ciência e virtude na Revolução

O problema da Revolução é central na obra de Proudhon. Concebida em tecla teleológica, ela é fruto do crescimento na sociedade de duas forças regeneradoras de diferente origem: de um lado, a ciência, compreensão intelectual das leis que governam a vida coletiva; por outro, a vontade de efetivá-las, que atua obscuramente nas consciências, como um sentimento inato de dever, suscetível de desenvolvimento e educação.

Definindo e demarcando o campo revolucionário, esses dois elementos associam-se às figuras do intelectual progressista e do trabalhador. O primeiro desvenda, anuncia e propaga a ideia justa sob a forma racional da demonstração científica. O segundo tende espontaneamente para a justiça, por sua condição de produtor, mantido puro pelo trabalho e pela vida austera.

Ao longo dos textos examinados, a maior ou menor importância atribuída sucessivamente a essas forças renovadoras oferece uma imagem complexa da revolução: ora movimento espontâneo, gerado nas entranhas da sociedade, restaurador de valores morais e econômicos conservados entre o povo artesão e camponês, ora momento supremo do espírito humano, conclusivo do processo, histórico, de aprendizagem da razão. Essas imagens, em alguns momentos complementares, outras vezes se dissociam até se tornar antagônicas, revelando, a nosso ver, o embate dos esquemas teóricos do autor com as conjunturas empíricas, fontes permanentes e alternadas de esperanças e decepções.

Em seus primeiros escritos importantes, no início da década de 1840, Proudhon acentua enormemente o papel da demonstração científica na gênese da nova ordem.[12] Pensada sob essa óptica, a Revolução parece-lhe, acima de tudo, a rendição da vontade humana à evidência dos fatos. Dessa forma, realça o papel pedagógico das luzes no processo transformador:

> que enfim veja na minha obscuridade o povo instruído; que o esclareçam nobres professores. (Proudhon, 1926, p.347)

No entanto, a ciência educa e desenvolve a vocação inata do homem à sociabilidade e à justiça, que encontra um terreno fértil onde a maior proximidade de circunstâncias e resultados revela imediatamente o caráter cooperativo da produção: o ateliê. Proudhon aponta, como exemplo de comportamento societário, os operários gráficos que, quando o trabalho escasseia, cessam a batalha da produtividade para garantir emprego a todos.[13] Realizam, dessa forma, espontaneamente, a lei de direito econômico, matematicamente demonstrável, que reparte trabalho e rendimento segundo a variação do número de produtores no mercado.

---

12 Cf., p.ex., Proudhon, 1926 e 1927b.

13 "Há, neste comportamento dos tipógrafos, uma filosofia à qual nunca se elevaram os economistas nem as pessoas de direito. Se os nossos legisladores tivessem introduzido nos códigos o princípio de justiça distributiva que governa as tipografias; se tivessem observado os instintos populares, não para copiá-los servilmente, mas para reformá-los e generalizá-los, a liberdade e a igualdade estariam há muito tempo fundadas numa base indestrutível e não se discutiria mais sobre o direito de propriedade e a necessidade das distinções sociais" (Proudhon, 1926, p.223).

Leitor atento das grandes utopias progressistas de sua época, Proudhon compartilhava com elas a crença na força transformadora do saber positivo; ao mesmo tempo, sua origem e sua primeira profissão de impressor, propiciando-lhe o contato com as formas de vida e organização dos trabalhadores, fazia-lhe reconhecer nelas o embrião de um mundo mais equilibrado e solidário. Antes de 1848, prevalece, de modo geral, a crença no triunfo iminente dos princípios racionais e igualitários sobre paixões, preconceitos, interesses particulares.

Contudo, havendo participado ativamente dos acontecimentos de 1848, Proudhon, como a maioria dos revolucionários de sua época, teve a sua fé racionalista e ecumênica profundamente abalada por seu trágico desfecho. Em suas obras imediatamente posteriores (cf. Proudhon, 1979a, 1929) podemos observar algumas relevantes mudanças de perspectiva. Em primeiro lugar, o campo revolucionário passa a ser definido mais nitidamente pela ação das classes sociais. Além disso, acentua-se enormemente a importância do elemento espontâneo na transformação histórica.

À medida que as massas populares dirigiam-se contra a miséria e o desemprego, teria se expressado nelas, sob a forma de um protesto nascido da privação e da dor, a tendência progressiva e universal da história à ordem baseada no trabalho e na troca igualitária. Nesse sentido, o movimento pelo direito ao trabalho não teria sido mera reação contra a miséria. Ao contrário, carregava em si os fins racionais da história, legitimando o povo como força propulsora da Revolução, no sentido que o filósofo a ela conferia, de "ato de justiça soberana" (Proudhon, 1979a, p.27).

Expressando a tendência progressista da humanidade, a razão das massas teria cumprido, ao mesmo tempo, o papel de *conservar* o corpo coletivo, ameaçado de destruição pelos antagonismos internos. Longe de destruir a ordem, o povo deu em 1848 exemplo de "moralidade, disciplina, docilidade", mostrando que

Patrizia Piozzi ·

sua revolta, feita em nome do princípio civilizatório e moralizador do trabalho em oposição à antropofagia e materialismo capitalistas, tem por objetivo realizar "o bem-estar e a virtude" (ibidem, p.28).

Ao mesmo tempo que faz o elogio das massas populares, Proudhon atribui o fracasso da Revolução às outras forças progressistas[14] atuantes no Governo Provisório, que, ao canalizar a luta pelo 'direito ao trabalho' para a política dos ateliês nacionais, buscavam resolver o problema do desemprego por intermédio do Estado, desestimulando a organização autônoma dos trabalhadores. A essa medida paternalista e economicamente inviável, responsável pela frustração das esperanças populares e pelo acirramento das lutas e agitações de rua, que redundaram na derrota da ala progressista do governo, opunha a reforma geral do crédito, dos impostos e da propriedade, pela qual as forças econômicas se reorganizariam espontaneamente em torno da lei do valor.[15] Esse diagnóstico leva o ex-deputado da

---

14 Os dirigentes da burguesia republicana, em maioria no Governo Provisório, e os grupos das esquerdas socialistas, comunistas, blanquistas etc. compunham a liderança do campo revolucionário. Proudhon, apesar de sua apologia da razão das massas, considera, ainda nessa época, a burguesia herdeira legítima do ideário de 1789, atribuindo-lhe o papel hegemônico no processo transformador. Significativamente, dedica aos burgueses sua obra sobre a revolução no século XIX, manifestando enorme surpresa pelo comportamento "desumano e reacionário" destes ao longo das jornadas de junho: "Burgueses da França, a iniciativa do movimento na humanidade vos pertence. O proletariado, neófita, vos elege seus mestres e seus modelos. Será possível que, após terdes feito tantas revoluções, tenhais perdido irremediavelmente a razão, o interesse, a honra, tornando-vos contrarrevolucionários?" (Proudhon, 1979a, p.XVI).

15 A proposta alternativa de Proudhon encontra-se exposta no opúsculo *Solução do problema social*, publicado em fascículos durante os primeiros meses da Revolução. Para uma análise detalhada dessa proposta, consultar Haubtmann, 1988a, cap.XXV.

Assembleia Nacional[16] a concluir que "toda revolução, para ser eficaz, deve ser espontânea, saindo, não da cabeça do poder, mas das vísceras do povo" (Proudhon, 1929, p.118). Encarada sob a óptica do problema institucional, a afirmação indica que a independência dos movimentos populares em relação ao Estado é a condição para que a racionalidade histórica neles manifesta se realize integralmente. Caso contrário, a politização os transforma em instrumentos de lutas partidárias, acirrando os antagonismos. Se focalizarmos a relação entre prática e teoria, a imagem das vísceras valoriza o aspecto espontâneo, denotando a superioridade das massas sobre suas 'cabeças' intelectuais e políticas: meras anunciadoras, ou precursoras de uma transformação que brota, ela própria, de dentro do povo:

> É o povo que, sem teorias, por suas criações espontâneas, modifica, reforma, absorve os projetos das políticas e as doutrinas dos filósofos e que, a longo prazo, criando sem cessar uma nova realidade, muda constantemente a base da política e da filosofia. (ibidem, p.76)

No "programa de filosofia popular",[17] na esteira de Comte, o 'pai da anarquia' reconhece no bom-senso a base da filosofia,

---

16 Como deputado socialista, Proudhon distinguiu-se, após as "jornadas de junho", pela apaixonada defesa dos insurretos e pelas virulentas críticas à repressão.

17 Cf. "Philosophie populaire: programme", in Proudhon, 1930. Embora extraia disso conclusões diferentes, Proudhon sustenta aí, como Comte, que a filosofia, deitando raízes na observação e na experiência, não é senão uma extensão do senso comum universal, não sendo, portanto, absolutamente estranha ao povo (cf., a esse respeito, Comte, 1983, p.83). A influência da filosofia e sociologia positivista sobre Proudhon revela-se sobretudo na força que tem, em seu pensamento, a ideia do Grande Ser da humanidade (cf., a esse respeito, p.ex., 1931, cap.V). Segundo Proudhon, Comte teria reelaborado essa ideia, a seu ver originária das filosofias de Hegel e Feuerbach, consistindo nisso seu maior mérito intelectual. Ao

Patrizia Piozzi

atribuindo ao povo grande capacidade de elaboração intelectual. Porém, de modo geral, as virtudes revolucionárias atribuídas ao povo residem menos na apreensão intelectual do 'verdadeiro' do que em seus valores, sentimentos e costumes mais puros. Embora continue delegando à ciência o desvendamento exato das leis sociais, em sua fase mais madura acentua o papel das virtudes populares no estabelecimento da justiça, produto da 'consciência coletiva', mais ainda do que do "gênio dos legisladores" (Proudhon, 1930, p.224).

Aplicando essa concepção à conjuntura sombria por que passava a Europa após 1848, Proudhon reconhecia no povo o guardião da verdade revolucionária, imune à crise geral das instituições, do pensamento, da consciência pública, dominados pelo ceticismo e interesses filistinos:

> Suas conquistas, seus estabelecimentos, seus órgãos, suas liberdades, seus direitos, suas garantias (da Revolução), tudo pereceu, resta-lhe apenas a alma coletiva, invulnerável, do povo, feito cada vez mais à sua imagem; e desse templo inacessível ela impõe o terror ao mundo, esperando para ditar-lhe novamente sua lei. (ibidem, p.262)

Ao representar a missão sagrada e aterradora da Revolução, a imagem do templo evoca, também, o muro, divisória entre dois mundos qualitativamente distintos. Antecipa, assim, a ideia da separação política da classe operária. Estamos longe do jovem Proudhon, impressor apaixonado pela demonstração científica: aos sábios sobra o papel, quase formal, de traduzir em discurso uma verdade gerada no seio do

---

mesmo tempo, porém, o pensador socialista criticou severamente a proposta comtiana de construir a unidade social sobre a extinção dos direitos, acusando-a de reacionária e medievalista. Para um levantamento documental das relações entre Comte e Proudhon, consultar, Haubtmann, 1980b.

povo. Ao povo falta apenas a palavra, já que "possui em seu íntimo a justiça, guardando-a melhor que seus superiores" (ibidem, p.227)

No entanto, em outros escritos da mesma década (1850-60), como, por exemplo, *La révolution sociale demontrée par le coup d'État du 2 décembre* [A revolução social demonstrada pelo golpe de Estado de 2 de dezembro] (cf. Proudhon, 1852), em que Proudhon analisa as causas da eleição e do golpe de Luís Bonaparte (1848 e 1851, respectivamente), deparamos com um incisivo antipopulismo. A imagem do povo-templo da Revolução cede lugar a outra, desencantada e amarga, da multidão sem ciência nem forma, incapaz de autonomia. Tendo por base essa visão, o filósofo atribui a derrota do campo revolucionário em 1848 à repetição, por parte das elites republicanas e socialistas, do trágico erro de seus antecessores de 1793:

> Nós fomos vencidos porque, no rastro de Rousseau e dos mais detestáveis retores de '93, não quisemos reconhecer que a monarquia era o produto direto e praticamente seguro da espontaneidade popular; porque, após ter abolido o governo pela graça divina, pretendemos, por meio de outra ficção, constituí-lo pela graça do povo; porque, ao invés de sermos os educadores da multidão, nos tornamos seus escravos. (ibidem, p.81-2)

Ao defender e estimular a democracia do sufrágio, os republicanos e socialistas renunciaram a seu papel de direção, supondo que havia cidadãos onde na realidade há apenas "servos da gleba e da máquina". Estes, votando maciçamente em Bonaparte, mostraram que sua 'vontade soberana' conduz necessariamente ao renascimento do poder do Uno, erigindo-se em base política para as tendências contrarrevolucionárias. Complementando a drástica negação da capacidade de julgamento político das massas, a conjuntura revolucionária, em outros escritos condição para o pleno desenvolvimento das tendências populares ao autogoverno, é saudada, aqui, como um

Patrizia Piozzi

estado de desorganização do poder propício à obra modeladora promovida pelas elites:

> Quanto às massas, por mais que sua inteligência seja curta; por mais que eu bem conheça sua falta de virtude, as temo menos em plena anarquia do que no exercício do voto. No povo, como nas crianças, os crimes e os delitos explicam-se mais pela mobilidade das impressões do que pela perversidade da alma; e eu considero mais fácil, para uma elite republicana, realizar a educação do povo num caos político do que lhe deixar exercer a soberania, com alguma chance de sucesso, pela via eleitoral. (ibidem, p.60)

Fica claro aí que a intervenção das elites se faz em sentido *contrário* ao mover-se espontâneo das massas, prisioneiras de sentimentos e necessidades imediatas. De meros porta-vozes, as minorias esclarecidas são promovidas a intérpretes dos fins da história e convocadas a pôr-se à *cabeça* das forças do trabalho, e formar um partido capaz de unificar as classes em torno dos objetivos revolucionários, aceitando "... ter por fim e tarefa a Educação do Povo" (ibidem, p.280).

A condenação do sistema partidário e representativo não deixa dúvidas a respeito da natureza e dos objetivos da organização proposta. Ela não aglutina representantes de interesses e vontades empíricas disputando espaços de poder. Recolhe uma vanguarda iluminada, em relação direta e orgânica com as massas, de caráter essencialmente pedagógico. A elite aí não se identifica com interesses estritamente classistas: detém o conhecimento correto do bem comum, e constitui-se para combater o que Proudhon chama "... subjetivismo, no poder, por oposição à lei objetiva, que revela a geração dos fatos e a necessidade das coisas" (ibidem, p.120). Trata-se, portanto, de uma organização incompatível com as regras da democracia representativa e da alternância de poder: é possível concluir que seu enraizamento nas classes produtivas, fruto da ação pedagógica, deveria ter por consequência a supressão do político e a sua

162

própria, à medida que a verdade revolucionária fosse assimilada e reproduzida pela totalidade, ou quase, do corpo social.

Ao preconizar a necessidade de uma vanguarda de educadores em oposição à democracia de massas, Proudhon revela aí uma atitude cética em relação ao democratismo político moderno. Atitude que se fortalece à medida que o passar dos anos frustrava suas esperanças de uma reação popular ao bonapartismo. Em um pequeno artigo de 1858, "Burguesia e plebe", encontramos considerações muito amargas sobre a incapacidade política do povo. Até mesmo traços que em escritos anteriores eram considerados virtuosos, como as exigências parcas e os hábitos austeros, são enumerados, aqui, entre as causas do imobilismo político dos pobres. Menos corrompido que seus senhores, mais próximo ao estado natural, o homem do povo acomoda-se à própria situação; torna-se indiferente, até avesso às mudanças. Representa, no mundo contemporâneo,

> o homem primitivo, mais ou menos domesticado, quero dizer, desnaturado pela lei do trabalho e pela exploração burguesa, mas mantido na sua brutalidade pela constituição econômica e política da sociedade, constituição feita em grande parte contra ele. (Bourgeoise et plèbe, in Proudhon, 1932, p.461)

A representação do povo pela imagem setencentista do primitivo dotado de alma sadia, porém obtuso, traz à mente as reflexões de Dom Deschamps e do próprio Rousseau sobre as virtudes e os limites das camadas populares. Proudhon é até mais categórico em relação a tais limitações, considerando o povo radicalmente incapaz de mudar o *status quo*: suas revoltas, movidas apenas pelo aperto do estômago, permanecem reações mecânicas contra a miséria. Enquanto em *Ideia geral da revolução no século XIX*, o ex-deputado popular reconhecia, nas lutas nascidas da privação, a tendência regeneradora da sociedade, aqui afirma que o povo é, por si só, incapaz de gestar propostas transformadoras. Sua imagem do mundo reproduz, sempre, a de seus donos e, para criar um direito novo, precisa receber, integralmente, a ideia de seus apóstolos intelectuais e políticos. A falta de luzes das massas se revelaria não só em sua costumeira passividade, mas também nas suas formas de lutar contra as classes dominantes. Retomando, por um lado, mais uma vez, o ataque às coligações obreiras e às greves, aponta a cegueira e estupidez de uma ação, a seu ver puramente destrutiva e contraproducente, fadada a reduzir "ainda mais a riqueza nacional e o rendimento" (Proudhon, 1932, p.467). Por outro lado, nas urnas, a revolta da plebe contra os privilegiados resultou na ascensão de Luís Bonaparte: isto é, nascida da necessidade e do ressentimento, a negação popular do programa burguês redunda no apoio incondicional ao cesarismo, a mais degenerada e autoritária entre as formas de governo. Em contraste, o autor enfatiza a importância do processo educativo e propagandístico, depositando suas esperanças no avanço das ideias igualitárias. Estas, desconhecidas antes de 1789, "... começaram a penetrar nas massas e a mudar o *tom* de sua inteligência" (ibidem, p.479).

A tensão entre a lógica da necessidade histórica, traçada pela teoria, e as representações nascidas da análise empírica, cada vez mais marcadas por pessimismo e melancolia ao longo da década de 1850, encontrava nova solução na última obra do revolucionário francês, *A capacidade política das classes operárias*, escrita em 1864, poucos meses antes da morte. Esse 'testamento' político, redigido num veio profético e quase místico, volta a reafirmar, com grande vigor, que a revolução nasce e se desenvolve organicamente na sociedade, irrompendo à superfície, onde dá forma institucional às relações geradas subterraneamente. Embora o autor reconheça o papel de precursores e líderes, realça novamente o caráter espontâneo e coletivo do processo transformador moderno:

uma revolução verdadeiramente orgânica, produto da vida universal, por mais que tenha seus precursores e executores, não é verdadeiramente obra de ninguém. É uma ideia que se apresenta imediatamente como elementar e cresce como um germe sem apresentar nada de notável, parecendo retirada da sabedoria do vulgo, e que, de repente, como a semente enterrada na terra, como o embrião do ovo, toma um desenvolvimento imprevisto e invade o mundo com as suas instituições. (Proudhon, 1924, p.111)

Ao longo da obra sucedem-se imagens que, ao retratarem as fases do ciclo vital na natureza orgânica, designam os movimentos opostos da burguesia declinante e do proletariado em ascensão. A primeira, que constituía em 1789 um conjunto orgânico progressista, teria se transformado, ao longo do século XIX, em uma "minoria traficante, especuladora e agiota, uma turba" (ibidem, p.40), associada exclusivamente para garantir seus privilégios:

Não há mais energia em sua consciência, não há mais autoridade em seu pensamento, não arde mais seu coração; nela há apenas a impotência da senilidade e o frio da morte. (ibidem, p.100)

Em contrapartida, a emergência do associacionismo mutualista entre os operários constitui o embrião de um novo ordenamento jurídico e econômico, anunciando a fusão universal dos interesses.

Na genealogia do operariado revolucionário, 1789 marca o despertar de uma vaga consciência igualitária, uma primeira semente destinada a crescer ao longo do século XIX, apesar da "insensata conspiração" da burguesia para impedi-lo. Após a Revolução Francesa, Proudhon identifica pelo menos três grandes períodos particularmente significativos no amadurecimento da classe operária: o desenvolvimento das teorias socialistas na primeira metade do século; o grande embate político entre as forças do trabalho e as do capital em 1848; enfim, a ruptura com as instituições burguesas, iniciada, segundo o autor, nas eleições parlamentares de 1863. A votação maciça do proletariado urbano nas candidaturas oposicionistas parecia-lhe ter o significado de uma recusa plebiscitária do governo. Além disso, registrava-se um fato inédito na história do país: a participação de candidaturas operárias independentes apoiadas por um manifesto, assinado por 60 trabalhadores.[18] Divulgando as teses mutualistas, este constituía, segundo Proudhon, o primeiro programa político nacional produzido pelos movimentos autônomos e solidários em crescimento no interior do corpo social. O ex-deputado alertava, porém, que a independência da classe operária, anunciada pelo vir à luz de seu programa, se complementaria apenas quando esta deixasse de participar do parlamento burguês. O comprometimento com a democracia representativa e partidária revelava, a seu ver, ainda, certo desconhecimento de si por parte do próprio operariado. Este deveria, em breve, perceber que, enquanto Governo e oposição fazem parte da mesma ordem, nele está se gerando uma forma social essencialmente diversa, onde "... nem as ideias, nem os princípios, nem as formas de governo, nem as instituições e os costumes são os mesmos" (Proudhon, 1924, p.243).

Entretanto, em que pese o tom peremptório e radical com que o autor conclama o operariado à 'separação', esta não tem, para ele, um caráter absolutamente antagônico, nem pretende ser totalmente inovadora em relação aos interesses e ideário

---

18 Tendo participado, pela primeira vez, das eleições parlamentares de maio de 1863, as candidaturas operárias não tiveram nenhum sucesso. Sem perder o entusiasmo, os militantes *obreiros* parisienses publicaram, em fevereiro de 1864, um manifesto programático, lançando-se novamente para o pleito de março de 1864. Embora Proudhon não tivesse participado da elaboração do manifesto operário, o programa nele contido baseava-se em sua proposta de reforma. O manifesto encontra-se reproduzido integralmente em Proudhon, 1924, p.409 (Manifeste des soixante ouvriers de la Seine).

burgueses. De fato, no plano da sucessão histórica, entre a burguesia em declínio e a classe trabalhadora ascendente existe um ponto de encontro, à medida que o mutualismo estende à esfera social e econômica os ideais políticos de 1789, dando novos conteúdos à ideia revolucionária vinda de seus oponentes.

No que diz respeito à ação e ao programa, o teórico francês deixa claro, aqui, que 'separar-se' tem um sentido de diferenciação, não implicando guerra de classes. A oposição entre burguesia e proletariado não deve ser pensada do ponto de vista de seus interesses específicos, mas a partir de seus papéis históricos. Como já assinalado anteriormente, o antagonismo gerado pelas determinações do interesse setorial promove a doença permanente da sociedade contemporânea, e somente a reconciliação de todos em torno da Justiça pode sanar de vez seus males.

Portanto, a separação do operariado é marcada, negativamente, pela recusa das lutas econômicas e políticas de classe e das instituições que as veiculam; positivamente, pelo vir à tona de experiências e instituições capazes de reconstituir a unidade social. Investido dessa missão ecumênica e universal, o mutualismo não tem propriamente inimigos irredutíveis. De fato, se a separação dos virtuosos é imprescindível à sua integridade, para os que estão no erro e na decadência moral, ao contrário, assimilar a virtude dos adversários constitui a salvação. O movimento mutualista deveria, então, incorporar tudo o que o rodeia, devolvendo a 'luz da razão' e o 'sentido moral' a todos os membros da sociedade (ibidem, p.124).

Por outro lado, para Proudhon, da revolução operária, a ser realizada pelo movimento mutualista, deveria nascer o novo definitivo pacto social. Como para Morelly, o caráter irrevogável da nova associação não interfere na liberdade de seus membros, já que estes não obedecem à vontade subjetiva de pessoas ou grupos, mas apenas à força e à razão das coisas.

A ideia da 'separação das classes' teve um papel central entre correntes significativas do movimento operário europeu do último quarto do século XIX, como os anarquistas bakuninianos e o sindicalismo revolucionário francês. Antes de mais nada, nessa ideia, revela-se de modo particularmente agudo o contraste, presente na doutrina proudhoniana, entre a crítica a todo conteúdo dogmático cristalizado e a visão teleológica do processo histórico, que prescreve à consciência a realização de um fim preestabelecido. O ideal de um *telos* a ser realizado, herdado das grandes utopias progressistas da primeira metade do século, resiste ao choque com a cinzenta realidade pós-revolucionária. Perde, porém, em parte, seu caráter marcadamente racionalista, acentuando a missão, quase sagrada, de redenção moral do movimento transformador. Realizador de um princípio de justiça cósmica, "... necessário, universal, absoluto, imanente, anterior e superior a toda constituição social" (Proudhon, 1924, p.128), o mutualismo anárquico está destinado a fundar a "unidade do gênero humano". Seu caráter messiânico – e aterrador – é ilustrado pela imagem da vinda de Paracleto, o Justiceiro, com que Proudhon retrata o movimento da plebe moderna.

Nesse contexto, a separação das classes não só distingue os que sabem dos que estão na obscuridade, conferindo ao movimento mutualista a missão de esclarecer a verdade. A separação é, também, de ordem moral, dividindo o mundo entre os que aderem ao bem e os que teimam em permanecer escravos do vício. Pertencem a essa humanidade corrupta os patrões e operários coligados em defesa de seus próprios interesses, as mulheres que recusam o papel exclusivo de esposas, as massas bárbaras e estúpidas que, nas ruas e nas praças, perseguem sonhos de opulência e liberdade sem limites, acalentados pelo jogo ilusionista de seus demagogos. Se todos esses prisioneiros de paixões egoístas e fantasias irracionais recusarem a salvação, os pedagogos deverão transformar-se em justiceiros. Únicos representantes legítimos da consciência e vontade coletivas, os adeptos da nova religião irão zelar para que a liberdade individual e dos grupos não "falhe ou abuse"; nesse caso, "... o bom-senso, a justiça, e o interesse geral exigem a intervenção da força coletiva, que é a própria mutualidade" (ibidem, p.134).

A nosso ver, estão lançadas aí as bases doutrinárias para certas oposições, tão comuns no imaginário e prática anarquistas: entre o militante operário, receptáculo de virtude moral, e o burguês corrupto e desalmado; entre o frio e cruel juiz estatal, implacável na perseguição aos desterrados sociais, e o lendário vingador anárquico, anjo exterminador que faz a justiça em nome do povo.

É sabido que, por sua própria índole e princípios humanistas, Proudhon sempre foi contrário à violência, posição reforçada pela esperança de que todos os setores da sociedade se renderiam, antes ou depois, à "evidência dos fatos". No entanto, seu pessimismo moralista, sua desconfiança visceral em relação aos privilegiados, contrabalançando frequentemente a atitude otimista, lhe faziam admitir a necessidade de insurreições, e, principalmente, dos justiceiros populares.[19] Em sua face

---

19 A ideia de instituir tribunais populares secretos foi formulada obscuramente por Proudhon em seu terceiro memorial sobre a propriedade, publicado sob o título *Avertissement aux propriétaires* [Advertência aos proprietários]. No final deste opúsculo, o 'filósofo obreiro' alerta os exploradores sobre um novo, misterioso instrumento de justiça popular: "Não é o regicídio, nem o assassinato, nem o envenenamento, nem o incêndio, nem a recusa do trabalho, nem a emigração, nem a insurreição, nem o suicídio, é algo mais terrível que tudo isso e mais eficaz, algo que foi visto, mas que não se pode dizer" (Proudhon, 1979b, p.219). Chamado pelo tribunal de Doubs, e inquirido a respeito dessa obscura ameaça, Proudhon recusou-se a dar explicações. Porém, mais tarde, numa carta de 23 de maio de 1842 a Ackermann, explicou que pretendia uma reedição, adequada aos novos tempos, dos cursos vehmicos e tribunais secretos da Alemanha. Embora sua obra não desenvolva nenhuma elaboração mais profunda em torno da questão, a convicção de que a sociedade moderna necessitava de uma elite de 'justiceiros' manteve-se e aprofundou-se ao longo de sua vida. Para uma

Patrizia Piozzi

evangelizadora, ou guerreira, o movimento autogestionário configura, aos olhos do autor francês, uma Cruzada Santa, da qual os líderes operários são profetas e sacerdotes. A esse propósito Georges Sorel, refletindo sobre o significado da utopia republicana de Proudhon, reconhece na elite mutualista uma reedição contemporânea das autoridades morais, que, nas democracias primitivas, eram consagradas unanimemente como portadoras de regras comunitárias, de origem divina (L'organization de la démocratie, in Sorel, 1981, p.365-94).

Aos modernos sacerdotes cabe a tarefa de recompor o corpo social, pelo combate à democracia metropolitana, na qual liberdade e igualdade tornaram-se instrumentos de ganho individual. Eles detêm, portanto, um papel revolucionário que é, ao mesmo tempo, de fundação e fixação de um direito e cultura diferentes: são soldados, legisladores, pedagogos. Lembram, sob certos aspectos, os homens quase divinos que constroem sobre a lei e a educação moral a unanimidade da democracia rousseauniana. Como aqueles, têm por inimigos principais, por um lado, o egoísmo contemporâneo, por outro, a ignorância das massas populares. O severo crítico da sacralização e ritualização do político, de memória rousseauniana e jacobina, não hesita em ver nos movimentos mutualistas os fundadores da "... religião do futuro, que deverá completar o Evangelho, a religião da Justiça" (Proudhon, 1924, p.129).

Sem dúvida, o alcance da comparação é muito limitado. Enquanto Rousseau realça o elemento artificial e manipulador da vontade na construção da cidadania, Proudhon acentua o caráter orgânico do movimento, emerso das vísceras da sociedade e destinado a uma vitória rápida e sem obstáculos. Enquanto a religião de Estado rousseauniana aparece como

---

análise do papel da "justiça privada supletiva" no sistema proudhoniano, consultar Exegèses proudhoniènnes, in Sorel, 1981, p.415-34.

um instrumento político de coesão social, a 'religião' mutualista estaria nascendo de um movimento popular destinado a redimir moralmente a humanidade, livrando-a de toda forma de poder coercitivo.

As diferenças filosóficas e temperamentais entre esses críticos da *forma mentis* burguesa se entrelaçam com as dos momentos e problemas políticos que viviam. Para Rousseau, a cidade virtuosa e democrática, baseada no trabalho austero e na delimitação das fortunas, era um constructo ideal, inspirado em modelos do passado. Embora encontrasse na vida artesã e camponesa as tendências morais capazes de gerar as virtudes cívicas, não reconhecia nelas a capacidade de transformação política, que atribuía aos sábios. Proudhon, nascido duas décadas após a Revolução Francesa, conheceu de perto as lutas populares da década de 1830, viveu pessoalmente as glórias e descaminhos de 1848 e elaborou suas teses a partir da observação das experiências organizativas dos trabalhadores. Após a longa estagnação política dos anos 1850, as candidaturas operárias em torno do programa mutualista representaram, aos olhos do revolucionário descrente e cansado, o reacender-se das esperanças de 1848. Na 'separação' da classe operária, a seu ver prenunciada por esse episódio, vislumbrava o advento do novo mundo. No entanto, as tinturas fortemente espontaneístas e o radicalismo político presentes em sua obra testamentária, se analisados à luz da trajetória intelectual e política de Proudhon após 1848, não parecem indicar a adesão entusiástica a um coletivismo socialista organicamente enraizado nas massas. De fato, os escritos da década de 1850 são bastante ambíguos em torno da capacidade política das massas populares, indicando que o cultuador das virtudes do trabalho começava a apontar, *malgré lui*, para a necessidade de uma vanguarda organizada de educadores e propagandistas. Abandonando o entusiástico populismo das *Confissões de um revolucionário*, lamenta, amargamente, em 1862, que a sociedade inteira, com exceção de uma diminuta elite esclarecida, esteja entregue à desrazão e à imoralidade:

Tudo degenera em querelas setoriais, em ódios pessoais e em estratégia de aventureiros. Os princípios não são nada para ninguém. Então, prevejo dias de confusão espantosa. Resta apenas uma fraca elite que raciocina, o restante fermenta sua raiva e sonha apenas sangue e crime. (Proudhon, 1946b)

Se é verdade que *A capacidade política das classes operárias* rompe com o pessimismo e a melancolia dos anos imediatamente anteriores, não retoma, porém, integralmente, a confiança nas massas, tão característica das *Confissões*. Ao saudar a nova classe revolucionária, o autor refere-se, na verdade, a uma tendência minoritária do movimento popular, "ainda muito fraca", segundo suas próprias palavras.

No entanto, o elitismo proudhoniano, a nosso ver, não se define, apenas, por ter como referencial setores minoritários do operariado militante, mas, sobretudo, porque esses representam, em sua óptica, a Razão e a Moral. Considerando os outros movimentos também gerados em meio ao povo como produtos de ignorância e vício, a lógica totalizante da revolução mutualista exclui de si as lutas de massa que caracterizam a democracia moderna, nos sindicatos, nas ruas, nos partidos políticos. Essa lógica de exclusão não atinge a burguesia, como classe produtora, mas as formas institucionais e ideológicas da modernidade antropofágica, ociosa e desordeira. Opondo-lhe a democracia mutualista, Proudhon acreditava que os valores do trabalho austero e independente e da solidariedade econômica, levados adiante por uma elite operária justa e operosa, poderiam iluminar e salvar a sociedade, unificando suas classes. Delegando ao proletariado a missão ecumênica que em juventude tinha atribuído à ciência, Proudhon continuava almejando um mundo de honestos e frugais produtores proprietários, igualmente distantes da 'anarquia do capital' e do 'terror socialista'.

5
Bakunin[1] e os vigilantes subterrâneos da liberdade

No mesmo ano em que Proudhon redigia sua obra testamentária (1864), um grupo de intelectuais e operários socialistas fundava em Londres a primeira Associação Internacional dos

---

1 Michel Bakunin, nascido na província russa do Tver em 1814, pertencia a uma família de proprietários de terras. Na juventude, em Moscou, tornou--se um entusiasta hegeliano e, ao mesmo tempo, entrou em contato com o círculo de Herzen, adepto das ideias socialistas. No entanto, Bakunin interessou-se pelo socialismo apenas após sua partida da Rússia em 1840, para estudar na Alemanha. Nesse país, travou conhecimento com jovens hegelianos e foi progressivamente aderindo ao espírito de renovação social que na época impregnava a Europa. Em Paris, em 1847, teve longas conversas com Proudhon, que o impressionou extraordinariamente por sua doutrina e personalidade libertárias. A partir desse ano começou sua vida de revolucionário, transcorrida entre insurreições, períodos na prisão, na Rússia e na Sibéria, fugas espetaculares, exílios. Depois de ter-se tornado militante do credo anarquista na década de 1860 ingressou na Primeira Internacional, onde liderou o grupo de opositores a Marx. Expulso da Internacional em 1872, fundou uma organização dissidente, a Internacional de Saint Imier, e participou ainda ativamente das revoltas de Lyon e Bolonha, morrendo em Berna, Suíça, em 1876.

Trabalhadores. Em 1868, um revolucionário russo que tinha conhecido pessoalmente Proudhon na Paris 'quente' da década de 1840, ingressava na Internacional, onde travaria com o grupo de Marx um debate, hoje clássico, em torno do caráter do socialismo e da Revolução. Michel Bakunin, personagem quase lendário, responsável pela fundação do movimento anarquista internacional,[2] admirava profundamente Proudhon. Apesar de reconhecer a inferioridade teórica do último em relação a Marx, atribuía-lhe um "instinto de liberdade", a seu ver totalmente ausente em seu adversário alemão, "autoritário da cabeça aos pés".[3]

Nas longas e animadas discussões parisienses, o jovem exilado russo mostrou grande interesse pelas ideias auto-gestionárias do 'pai da anarquia', vislumbrando nelas uma alternativa às formas parlamentares e legais de governo. No entanto, embora desde pelo menos 1848 negasse aos regimes representativos qualquer potencial efetivamente democrático e inovador, apenas a partir dos anos 1860 formulou as teses que justificam sua inclusão entre os propositores de um socialismo radicalmente antiestatal, baseado nas associações autônomas

---

2 Para um levantamento da importância de Bakunin na fundação do movimento anarquista na Espanha e Itália, cf., por exemplo, Nettlau, 1977.

3 "Marx, como pensador, está no bom caminho. Estabelece como princípio que todas as revoluções políticas, religiosas e jurídicas são, não as causas, mas os efeitos das evoluções econômicas. Trata-se de um grande e fecundo pensamento, que absolutamente ele não inventou: mas enfim, a ele pertence a honra de tê-lo estabelecido solidamente e de tê-lo posto como base de todo seu sistema econômico. Por outro lado, Proudhon tinha compreendido a liberdade melhor que ele. Proudhon, quando não fazia doutrina, ou metafísica, tinha o verdadeiro instinto do revolucionário: adorava Satã e proclamava a anarquia. É bem possível que Marx possa se elevar teoricamente a um sistema ainda mais racional da liberdade do que Proudhon, mas o instinto da liberdade lhe falta: ele é, da cabeça aos pés, um autoritário". Extraído de um manuscrito francês de 1870 e citado por Guillaume, in Bakunin, 1980, p.19-20.

dos trabalhadores. Tendo voltado ao Ocidente europeu no início da década de 1860, após longos anos de prisão na Rússia, seu pensamento evoluiu rapidamente de um genérico coletivismo de fundo agrário para a convicção de que as associações de resistência econômica do proletariado urbano exerceriam um papel destacado no aniquilamento do capitalismo e do Estado e na emergência do novo mundo.

Este capítulo examina alguns dos numerosos artigos, proclamas e manuscritos do período propriamente 'anarquista' de Bakunin, em dois momentos. Primeiro, focaliza-se a questão da anarquia no plano mais abstrato da teoria social e da filosofia da história. Como veremos, os textos indicam que, na sociedade ideal, o indivíduo livre se forma pelo entrelaçamento solidário entre os iguais, na completa ausência de conflitos. A efetivação histórica concreta desse modelo societário é resultado da confluência entre o progresso civilizatório das Luzes e a irrupção revolucionária dos que se encontram radicalmente excluídos desse avanço.

Em um segundo momento, aborda-se a problemática específica da revolução socialista moderna, pela qual se separam radicalmente dois mundos opostos, forçados a conviver em permanente conflito na sociedade burguesa. Fundindo o messianismo obreiro de Proudhon com a certeza, oriunda da sociologia marxiana, de que as contradições econômicas do capitalismo se resolvem apenas por via revolucionária, Bakunin confere à proposta proudhoniana de separação das classes o caráter de um embate destinado a destruir cabalmente o velho mundo. Desse incêndio universal, deveria nascer de imediato a comunidade dos livres e iguais, sem magistrados, padres ou proprietários.

Ao lado da crença na irrupção iminente do fogo purificador, tônica geral dos textos bakuninianos, estes revelam, curiosamente, dúvidas constantes sobre a capacidade transformadora de homens embrutecidos pelo trabalho inumano, pela ignorância e costume secular de obedecer. Excluindo qualquer reconciliação e continuidade entre o velho e o novo, o anarquismo bakuniniano traz, dramaticamente, para o terreno organizativo, a problemática, já presente nas reflexões de Proudhon, dos limites da ação renovadora das massas. O desafio revolucionário, que para o mutualista francês consistia fundamentalmente em uma pedagogia racionalista e moralizadora, destinada a sanar as más tendências da sociedade, centra-se, aos olhos de seu discípulo, na necessidade de destruir o sistema burguês. Em outras palavras, o advento da anarquia depende da emergência, nas massas, da vontade de romper radicalmente com o *status quo* e da transformação deste querer numa força organizada, compacta, capaz de virar o mundo de ponta-cabeça.

Comunidade anárquica e revolução social

Em sua arqueologia do pensamento revolucionário moderno, Bakunin atribui aos teóricos socialistas da primeira metade do século XIX – Fourier, Saint-Simon e Cabet, entre outros – o grande mérito de ter posto a nu as contradições "monstruosas" do regime capitalista e de ter revalorizado a matéria e as paixões humanas, tão vilipendiadas pela religião cristã. Ao mesmo tempo, porém, o pensador anárquico realça o caráter utópico e doutrinário desses sistemas, imputando-lhes a pretensão de organizar a realidade segundo um modelo construído idealmente, que deveria se impor aos homens pelo poder persuasivo de uma minoria esclarecida. Nesse mesmo período, Proudhon, único entre os críticos da sociedade burguesa a superar o doutrinarismo abstrato, teria enraizado as concepções socialistas nas leis naturais da economia, cientificamente demostráveis, e na associação espontânea dos trabalhadores:

Os arquitetos da ordem anárquica

> Porém, eis que apareceu Proudhon, filho de um camponês, e, por natureza e instinto cem vezes mais revolucionário do que todos os socialistas doutrinários e burgueses, armou-se com uma crítica tão profunda e penetrante quanto implacável, para destruir todos estes sistemas. Opondo a liberdade à autoridade contra estes socialistas de Estado, se proclamou audaciosamente anarquista e, nas barbas do deísmo e do panteísmo daqueles, teve a capacidade de proclamar-se simplesmente ateu, ou melhor ainda, com Augusto Comte, *positivista*. Seu socialismo, fundado na liberdade tanto individual quanto coletiva, na ação espontânea das associações livres, obedecendo apenas às leis gerais da economia social, descobertas ou a descobrir pela ciência, à margem de toda regulamentação governamental e de toda proteção do Estado, subordinando, por outro lado, a política aos interesses econômicos, intelectuais e morais da sociedade, devia, mais tarde, e por uma consequência necessária, chegar ao federalismo. (Bakunin, 1980, p.72)

Estabelecendo uma continuidade entre o socialismo científico e anárquico de Proudhon e sua própria teoria, Bakunin procura os fundamentos 'objetivos' da comunidade de livres e iguais na necessária interdependência, física e espiritual, à qual os homens estariam determinados pela natureza.

Em oposição às teorias que fazem derivar a convivência humana organizada de um contrato voluntário entre seres atomizados preexistentes, o autor considera o coletivo uma realidade primordial, inerente à constituição da pessoa. Nessa óptica, o caráter único e específico de cada indivíduo emerge no interior de um todo orgânico, fundado sobre uma complexa, rica e espontânea divisão das atividades. A imagem organicista do social subjaz ao argumento contra a tese liberal que funda a desigualdade entre os homens na diferença dos talentos. Para demonstrar o contrário, Bakunin recorre, como Proudhon, ao caráter complementar de todos os trabalhos. Radicaliza ainda mais as concepções de seu 'mestre', negando a existência de um significativo desnível de capacidade entre a grande maioria dos homens: o que varia é a vocação e tal diversidade sela a natureza solidária e equivalente das produções humanas:

> Graças a elas [as vocações], a humanidade é um todo coletivo em que cada um completa o conjunto, ao mesmo tempo que necessita dele; desta forma a variação infinita dos indivíduos é a própria causa, a base principal de sua solidariedade, um argumento todo-poderoso a favor da igualdade. (Bakunin, 1979b, p.44)

A fundamentação do modelo cooperativo e igualitário na ciência social é reforçada, no plano da subjetividade, pelo pressuposto de um sentimento inato de justiça, independente de toda coerção legal ou divina (Bakunin, 1980, p.91-2), conferindo às leis objetivas que governam a vida coletiva o estatuto de norma moral, atuante simultaneamente no entendimento e na consciência.

Por conseguinte, ancorando o ideal socialista libertário na autoridade da ciência, Bakunin não duvida de que apenas seu programa anarco-coletivista realize plenamente "... a organização planificada e livre do meio social conforme as leis naturais imanentes a toda sociedade humana"(Consideraciones filosóficas, apud Maximoff, 1978, p.11).

Por esse programa, trabalho obrigatório e pleno desenvolvimento das vocações devem conviver com critérios distributivos baseados no esforço efetivo de cada um.[4] Em conformidade com

---

4 Num interessante ensaio em que reconstrói a origem do anarquismo moderno, George Woodcock observa que, incorporando a ideia da socialização integral dos meios de produção, Bakunin e seus seguidores recusam o modelo econômico baseado nas trocas individuais entre produtores, defendido pelas correntes proudhonianas. Essa recusa marca, segundo Woodcock, o rompimento da principal corrente do anarquismo com as concepções individualistas, embora não signifique ainda a adesão a uma proposta comunista (cf. Woodcock, 1980, p.143-4). Nesses termos, é possível pensar que o coletivismo anárquico de Bakunin encontra-se na

o caráter social da produção humana, a propriedade privada dos meios de produção tem de ser extinta e abolido todo o direito de herança, reintegrando-se os bens pessoais dos mortos a um fundo comum destinado à educação social.[5] Esta adquire grande importância na comprovação das teses igualitárias do autor, já que, em sua ótica, o ensino efetivamente democrático e integral teria como necessária consequência o fim de grande parte das tão ventiladas diferenças de talentos.[6]

---

metade do caminho entre o mutualismo proudhoniano e a proposta dos comunistas ácratas das décadas de 1880 e 1890. De fato, ao mesmo tempo que preconiza a abolição da propriedade privada, o revolucionário russo julga, como Proudhon, que as rendas salariais devem ser medidas segundo o critério da quantidade de trabalho. Comentando tais aspectos da proposta coletivista, Kropotkin dirá que se reproduz nela, embora de uma forma menos brutal e injusta, a 'desumana' contabilidade capitalista, que quantifica abstratamente as infinitas diferenças de qualidades e situações existentes entre os indivíduos. Advogando uma sociedade comunista, onde cada um "dê segundo suas possibilidades e receba segundo suas necessidades", Kropotkin associa a revolução anárquica ao fim cabal do sistema de salários, resquício da *forma mentis* burguesa: "E depois que tivermos sentido o gosto da felicidade, começaremos a trabalhar, fazendo com que desapareçam os últimos vestígios do governo burguês, com sua moral contabilista, sua filosofia de débito e crédito, sua obsessão pelo que é meu e teu" (Kropotkin, apud Woodcock, 1986, p.336).

5   A proposta de incluir no programa da Internacional a reivindicação de derrogamento imediato do direito de herança, apresentada ao Conselho Geral pelo grupo bakuninista, foi objeto de uma famosa polêmica em torno dos objetivos prioritários da revolução. Enquanto Bakunin via na abolição do direito de herança um dos principais instrumentos de derrubada do regime burguês, Marx considerava que tal avaliação tomava os efeitos pelas causas, e vice-versa. Em seu argumento, o fim das heranças seria consequência natural da instauração da propriedade coletiva (cf. Marx, 1972b, p.277-83).

6   Desde as experiências lancasterianas de instrução popular, desenvolvia-se entre os pensadores e militantes progressistas e revolucionários europeus a ideia de um ensino integral, capaz de fundir conhecimentos científicos gerais à aprendizagem propriamente industrial. Muitos socialistas do século XIX viram, nesse tipo de educação, um instrumento essencial

Evidentemente, nesse paraíso de justiça social, alicerçado sobre as leis da natureza gravadas no coração dos membros e perfeitamente claras em suas mentes, tornam-se inúteis magistrados, sacerdotes e policiais. A liberdade, pessoal, de atuar segundo os próprios gostos e sentimentos, e ideológica, de opinar e divergir à vontade tem sua maior garantia no consenso unânime em torno das regras comunitárias. Regido por elas, o movimento natural de cada um não é obstruído, ao contrário, potencia-se pela troca inesgotável de trabalho, opiniões, conhecimento, gerando a máxima expansão da personalidade e, ao mesmo tempo, o contínuo enriquecimento da vida espiritual e material do todo (cf. Bakunin, 1979b, p.57).

No modelo societário de Bakunin encontram-se superados todos os impasses que, na figuração proudhoniana, derivavam do conflito ineludível entre as razões individual e coletiva. Aqui todas as diferenças perdem o aspecto antagônico e seu contínuo

---

para combater os efeitos devastadores da fragmentação e mecanização do trabalho sobre a inteligência e capacidade de iniciativa dos trabalhadores. O Terceiro Congresso da Internacional, ocorrido em Bruxelas em 1868, tratou dessa questão e incluiu o ensino integral entre os objetivos da organização. No interior do movimento socialista, as correntes anárquicas tiveram uma contribuição particularmente relevante, no plano teórico e prático, no desenvolvimento do ensino integral, inserindo-o na concepção global de 'educação libertária'. Bakunin, na esteira de Proudhon, reconhecia nessa proposta de ensino um meio de democratizar as oportunidades e destruir as diferenças geradas pela sociedade e educação classistas; ao mesmo tempo atribuía à pedagogia integral o papel, de *ordem moral*, de formar cidadãos livres e solidários. No entanto, relativizava enormemente as virtualidades transformadoras desse tipo de ensino na sociedade capitalista, por sua impossibilidade de atingir as grandes massas. Em contraste com essa posição, famosos educadores simpatizantes e militantes do anarquismo, como, entre outros, Robin e Ferrer, atribuíam ao trabalho educativo um papel preponderante na transformação da sociedade de classes. Para uma análise do significado do ensino integral na pedagogia libertária, cf. Dommanget, 1974; Tomasi, 1973; Monés, Solá & Lazaro, 1977.

Os arquitetos da ordem anárquica

encontrar-se nos oferece a imagem feliz e pacífica de uma troca *sempre* positiva, fluida, amiga, de autoridades 'parciais':

Recebo e dou, assim é a vida humana. Cada um é autoridade dirigente e cada um é dirigido por sua vez. Assim, não há nenhuma autoridade fixa e constante, mas uma troca contínua de autoridade e subordinação mútuas, passageiras e sobretudo voluntárias. (Bakunin, 1988, p.105)

O embasamento do programa anarquista em uma teoria social científica não constitui, porém, um divisor de águas definitivo entre os constructos utópicos criticados pelo autor e o modelo social libertário. Para tanto, é preciso ainda situar o último no espaço e no tempo, encontrando no terreno histórico os sinais do caminho que conduz à sua realização. Cabe, então, ao idealizador anárquico, mostrar o caráter contingente e transitório dos elementos de violência, irracionalidade, conflito presentes nas relações humanas concretas. Ou, mais positivamente, cabe-lhe identificar, ao longo da história, movimentos, aspirações, projetos que revelem a tendência efetiva dos homens a se relacionar segundo um paradigma igualitário e cooperativo.

A filosofia da história de Bakunin se constrói pela confluência de dois pontos de vista. Um, herdado, *malgré lui*, de concepções evolucionistas e progressistas predominantes na primeira metade do século XIX, enxerga o processo histórico como a apreensão progressiva e inelutável das verdadeiras leis da sociedade, pelo trabalho e experiência intelectual. Dessa perspectiva, a ciência configura o mais elevado produto de um caminho essencialmente civilizatório e humanizador. O outro olhar, do 'bárbaro russo',[7] crítico radical e implacável de uma civi-

---

7 Num texto de 1871, escrito por ocasião de sua polêmica com Mazzini, Bakunin responde a seus adversários que o tachavam de 'bárbaro russo', manifestando uma profunda descrença na civilização ocidental, tão idola-

181

Patrizia Piozzi

lização que exclui de suas conquistas a grande maioria dos homens, identifica em todo poder, mesmo aquele erguido sobre a ciência e a virtude, o instrumento corruptor do corpo social, responsável pela permanente reposição da brutalidade e selvageria primitivas.

São numerosas as passagens em que o adepto do positivismo de Comte e Proudhon faz o elogio entusiástico da ciência, única autoridade inquestionável e condizente com a liberdade humana, cuja vitória sobre as "mentiras" religiosas e metafísicas, "despóticas e funestas" (Bakunin, 1988), constitui o momento supremo de um processo de aperfeiçoamento positivo e contínuo rumo à realização da verdadeira ordem natural. Esse processo tem seu início na 'bestial' penúria psíquica e corpórea em que vegetam as populações primitivas e irá se cumprir no humanismo iluminado e exuberante dos membros da comunidade anárquica. Porém, para que esse percurso ascendente chegue à sua meta, as verdades científicas devem ser apropriadas pela totalidade dos homens, transformando-se em elemento da consciência coletiva.

Atribuindo a morosidade do processo emancipatório no mundo contemporâneo à insuficiente divulgação da ciência entre as massas populares, Bakunin propõe que, para alterar tal quadro, o progresso intelectual da maioria, "desoladoramente lento", seja acelerado pela ação pedagógica dos cientistas, a quem cabe a tarefa de suprimir seu privilégio intelectual, fazendo do conhecimento verdadeiro uma propriedade coletiva.

---

trada na juventude. Discordando de Herzen, para quem o Ocidente estava morto desde o fracasso da Revolução de 1848, Bakunin afirma que a única esperança de reerguimento da Europa encontra-se na "... barbárie juvenil e poderosa de seu proletariado..." (Bakunin, 1973a, p.96). Em seus textos, a grande valorização do elemento 'bárbaro', não contaminado pelos males do mundo burguês, faz contraste com a crença, mantida até o fim da vida, de que o conhecimento da verdade é progressivo, sendo, portanto, os povos cultos e civilizados os que estão mais próximos dela.

A enorme valorização do papel da ciência no processo transformador, que comprova o comprometimento de Bakunin com a 'religião' de seu século, não se traduz, no entanto, na proposta de um governo dos sábios, destinado a conduzir as massas até o seu completo amadurecimento. Ao contrário, a seu ver tal governo constituiria o maior empecilho à democratização da ciência, gerando uma nova casta aristocrática.

> A primeira consequência de um governo dos sábios seria que a ciência permaneceria inacessível ao povo, e um governo desse tipo seria necessariamente um governo aristocrático, posto que a ciência – tal como existe hoje em dia – é uma instituição aristocrática. O poder imposto em nome da ciência seria o da aristocracia da inteligência no aspecto prático, o mais desapiedado no aspecto social, o mais arrogante e provocador. (Bakunin, 1978, p.69)[8]

As considerações sobre ciência e governo nos introduzem ao outro lado de sua filosofia da história, em que desaparece o otimismo progressista, e o processo histórico configura-se como um incessante renascimento de formas de coerção física e intelectual, pelas quais os mais fortes e astutos submetem à sua vontade os corpos e espíritos das massas humanas.

Nessa linha, a ciência, progressista ao se tornar educadora do povo, quando associada ao poder de minorias privilegiadas, cumpre um papel essencial na conservação, para a grande

---

8 O texto, cujo título é de autoria do editor da coletânea, foi extraído e traduzido do original em alemão, Das Kuntsgermanische Kaiserreich und die Soziale Revolution, em *Gesamette Werke, it* Berlim, 1921, v.1, p.1655. A referência ao original encontra-se na p.189 da obra citada. Em sua introdução à edição brasileira de *Deus e Estado*, Maurício Tragtenberg assinala a atualidade das concepções bakuninistas a respeito do poder fundado na ciência. Por tais concepções, Bakunin é, a seu ver, "... um crítico antecipado da tecnocracia, onde a intelectualidade laica ocupa o lugar do antigo clericalismo" (Tragtenberg, 1981, XXIII).

maioria, do estado de barbárie, carência e obscuridade que caracterizam os albores da aventura humana no tempo.

No interior dessa concepção complexa de história, em que a fé no progresso contínuo das luzes se conjuga com a negação absoluta do mundo civilizado, o acento parece colocar-se decididamente sobre a segunda, na análise comparativa que Bakunin faz das formas tradicionais e modernas do Estado, e das filosofias que as justificam. Embora reconheça que nos regimes representativos modernos o domínio político é menos brutal e, consequentemente, a condição dos povos menos aviltante, nem por isso vê uma diferença substancial entre as monarquias teocráticas e as repúblicas parlamentares ou populares. Todo poder estatal, seja exercido em nome de Deus, da ciência, ou do povo, seja antigo ou moderno, configura, sempre, aos seus olhos, "... o corpo visível da inteligência exploradora e doutrinária das classes privilegiadas" (apud Leval, 1976, p.208).

Enquanto Proudhon não deixava de assinalar no contratualismo jusnaturalista um aspecto libertário, reconhecendo nele um avanço das ideias democráticas na ciência política, para Bakunin trata-se tão somente de um engenhoso artifício filosófico para fundar no consenso o poder estatal. Segundo seu argumento, a teoria contratualista, ao erguer a comunidade humana sobre a renúncia à liberdade natural, supõe, da mesma forma que as doutrinas teocráticas, a inaptidão essencial dos homens a conviver sem instrumentos coercitivos. Portanto, contrariamente ao que sustentam os liberais e democratas adeptos do contratualismo, o consenso em torno da necessidade do Estado teria em seu fundo a negação absoluta da liberdade, legitimando em um ato voluntário, fundante da vida social, a divisão entre governantes e governados pela qual os primeiros transformam o mundo informe, brutal e antagônico produzido pela liberdade na comunidade ordeira e virtuosa dos cidadãos. Mesmo a teoria democrática do Estado, embora atribua ao povo discernimento para escolher os "melhores", não o considera, porém, suficientemente justo e sábio para governar a si mesmo. Nunca deverá chegar o dia de sua plena maturidade porque esta é, sempre, produto da interferência dos governantes sábios, indispensável para recriar permanentemente a virtude cívica pela força física e pelo adestramento espiritual.

Baseado nessa interpretação, Bakunin estabelece uma continuidade sem rupturas entre as teorias liberais e democráticas modernas e a teologia cristã. Assim como esta confia aos eleitos por Deus o legado de transformar um universo de pecadores e rebeldes no corpo espiritual cristão, a moderna teoria estatal delega aos mais virtuosos e inteligentes, legitimados pelo consenso universal, a missão de constituir a comunidade civil.

A crítica algo simplista e monolítica de Bakunin a formas de pensamento tão diferentes, reduzidas ao denominador comum de ideologias do poder, lança luz sobre um aspecto relevante de sua teoria social: o que diz respeito à relação entre vida e pensamento, ou, para usar seus termos mais recorrentes, entre 'matéria' e 'ideal'. Baseado na certeza de que as exigências de vida real são sempre mais determinantes do que as convicções intelectuais e os credos políticos, seu materialismo o leva a concluir que todo governo, independentemente dos princípios que professa, inclusive aquele baseado na ciência socialista, é um instrumento de estratificação de privilégios e, como tal, visa, em primeira instância, a garanti-los. Logo, todos os governos são iguais, já que não há cientista, democrata ou revolucionário, por mais virtuoso e bem-intencionado, que possa fugir à "... Lei férrea de que a posição social é mais forte como fator determinante do que seus desejos subjetivos" (Bakunin, Alianza revolucionaria mundial de la Democracia Social (planfleto), apud Maximoff, 1978, p.35). Esse ponto de vista, em si apenas uma reedição em roupagem filosófica do velho lugar comum de que "o poder corrompe", constitui o referencial teórico básico para o autor imaginar a sociedade cindida em dois campos opostos essencialmente diversos.

Patrizia Piozzi

Na sucessão de violências às leis naturais, constitutiva da história quando analisada como recriação incessante das relações de poder, o elemento ativo, gerador do artifício maléfico, corruptor do corpo social, é sempre, na óptica de Bakunin, a minoria privilegiada. Moralmente depravada por sua própria condição, esta se encontra, necessariamente, na contracorrente da história. Nos cenários onde a mesma tragédia se desenrola, mudando apenas roteiros e personagens, as massas cumprem o papel de vítimas inocentes. A ausência de culpa não significa que sua ignorância, preconceito, passividade, não contribuam, também, de modo essencial, para legitimar e conservar o *status quo*. Porém, enquanto atuar contra as verdadeiras leis sociais e morais constitui, para os grupos dominantes, condição imprescindível para manter seus privilégios, o desconhecimento daquelas significa, para o povo, perpetuar uma existência marcada pela miséria e servidão. Portanto, as massas populares não têm nenhum vínculo *vital* com a sociedade classista e estatal; ao contrário, têm interesse efetivo em sua destruição, embora não tenham disso consciência clara (cf. Bakunin, La política de la Internacional, apud Maximoff, 1978, p.81).

A linha divisória traçada entre os "curáveis" e os "incuráveis" sugere o caráter cirúrgico, de extirpação do mal, inerente à Revolução. De fato, embora reconheça que as lutas e reivindicações populares originam-se de necessidades imediatas, Bakunin não considera a oposição entre os poderosos e o povo exclusivamente pela óptica do interesse econômico. A seu ver, o mesmo estado de pobreza e escravidão que gera a revolta nas massas garante, também, sua integridade moral. Radicalmente excluídas do poder e da riqueza, vivendo em um universo não corrompido pelo ócio e pelos privilégios, estas conservam intacta, em seus sentimentos, costumes e formas, a propensão natural do homem à igualdade e à justiça. Tal propensão, associada à vontade destrutiva gerada pelo ódio ao opressor, recolhe a tendência do corpo social a se articular espontaneamente segundo os ditames da natureza. Concretizando-se, positivamente, nas formas de solidariedade e cooperação dos trabalhadores pobres e, negativamente, nas revoltas e insurreições de massa, a liberdade manifesta-se de modo empírico na história, revelando seus lados opostos e complementares: o respeito mútuo, pelo qual o indivíduo reconhece no outro um ser idêntico a si no plano do trabalho e dos direitos e deveres; a destruição, dirigida contra os que violam as leis da natureza usurpando a liberdade de seus iguais. Dessa forma, as lutas e revoltas populares não apenas se legitimam em um direito natural; muito mais, configuram a missão regeneradora por excelência, ditada pelas leis da vida.

É possível concluir dessa análise que, se por um lado apenas a ciência gera o entendimento pleno dessas leis, por outro, os miseráveis são os únicos que desejam obscura, mas apaixonadamente, sua efetivação. Portanto, a emergência da ordem anárquica no plano histórico parece ser fruto de dois movimentos de origem diversa: o acúmulo progressivo de conhecimentos, que atinge seu apogeu na ciência contemporânea, e a negação radical da desigualdade e do poder, vinda do mundo inculto e semiprimitivo que a civilização repõe como o oposto de si. Em outras palavras, paradoxalmente, confluem para a revolução anárquica, o 'totalmente outro' da civilização burguesa e o seu produto mais sofisticado.

Anarquismo e ditadura clandestina coletiva

As primeiras formulações anarquistas de Bakunin, ao longo da década de 1840, já revelam dois pólos que podemos chamar, em linguagem militante, espontaneísmo e vanguardismo. Nessa época, o então jovem pensador russo começava a reconhecer, nas associações e revoltas espontâneas do povo, o germe de uma sociedade coletivista autogerida e, ao mesmo tempo, teorizava sobre o papel libertador de uma vanguarda iluminada, um grupo de homens intelectualmente superiores, devotados à educação do povo.

As diferentes articulações desses dois polos encontram-se expostas em vários manuscritos, cartas, proclamas, cuja preocupação central consiste em definir o papel dos homens instruídos e das massas no processo transformador. Nesses trabalhos mais diretamente voltados para as conjunturas é possível identificar a evolução de sua proposta de "ditadura revolucionária coletiva" que, indistinguível inicialmente de um governo de tipo blanquista, foi imaginada, no período propriamente anárquico do autor, como uma direção subterrânea, fadada a jamais vir à luz. A ideia de um governo ditatorial de intelectuais anterior à instauração definitiva de um socialismo sem Estado está claramente explicitada na famosa carta-confissão ao tzar Nicolau, escrita no cárcere.[9] A total descrença aí revelada em relação ao potencial libertador dos regimes parlamentares e

---

9 Essa carta, que Bakunin escreveu por solicitação do tzar Nicolau, foi encontrada nos arquivos da polícia política, após a Revolução Russa. Segundo Woodcock, esse 'pedido de perdão' do tzar, que deliciou os adversários de Bakunin e deixou perplexos seus admiradores, na realidade, não convenceu o imperador, por conter, ao lado de uma retratação formal, críticas à autocracia russa (cf. Woodckok, 1980, p.137). A maior relevância teórica da carta consiste em explicitar as posições de Bakunin sobre a "ditadura revolucionária transitória". Nessa proposta, transparece a que Franco Venturi chama "... aquela vacilação entre a revolução de baixo e a reforma radical de cima na qual (Bakunin) permanecerá por mais de vinte anos, como, aliás, grande parte da sua geração (Venturi, 1977, p.91). O historiador italiano observa que, no que diz respeito à questão russa, apenas nos anos 1860 Bakunin abandonará definitivamente a esperança de uma ditadura do tzar contra os nobres, em favor dos camponeses, assumindo de vez a perspectiva da revolução popular espontânea e antiestatal. A adesão definitiva ao populismo revolucionário se concretizaria no mesmo período em que Bakunin desenvolvia plenamente o ponto de vista teórico anárquico.

constitucionais indica o desencanto e a desilusão de Bakunin após o desfecho das lutas democráticas em 1848, com claras consequências sobre suas propostas políticas. Isolado na cela da Fortaleza Pedro e Paulo, em Moscou, o prisioneiro dirige seu pensamento para a terra russa, onde a existência de um vasto campesinato "bom e oprimido por todos", não contaminado pelas formas políticas da burguesia, parece-lhe particularmente propícia à atuação de uma ditadura transitória de iluminados, da qual deveria nascer a sociedade autogerida, sem proprietários nem Estado.

> Eu acredito que na Rússia, mais ainda que alhures, será imprescindível um forte poder ditatorial, um poder que terá por único objetivo elevar e instruir a massa, um poder livre em sua tendência e espírito ... mas sem formas parlamentares; imprimirá livros de conteúdo livre, mas sem liberdade de imprensa; um poder rodeado por simpatizantes, iluminado por seus conselhos, reforçado por sua livre colaboração, porém sem ser limitado por nada e por ninguém. Dizia para mim mesmo que toda a diferença entre esta ditadura e o poder monárquico consistiria unicamente no fato de que a primeira, segundo o espírito de seus princípios, deve tender a tornar supérflua a própria existência, porque não terá outro fim senão a liberdade, a independência e a progressiva maturidade do povo, enquanto o poder monárquico, esforçando-se, ao contrário, para tornar sua existência indispensável, é obrigado, por isso, a manter seus súditos em estado de perpétua menoridade. (Bakunin, 1974, p.123)

Em que pese a exaltação das virtudes humanas e da "inteligência luminosa" da massa camponesa, reconhece-se aí que o amadurecimento *progressivo* do povo para o exercício da liberdade não se faz por movimento próprio, mas exige a intervenção das luzes. Embora o fundo antiestatista lhe faça vislumbrar, no fim da ditadura, a comunidade de livres e iguais organicamente constituída, sem dúvida Bakunin acentua, aqui, sobremaneira,

Patrizia Piozzi

a importância das vanguardas em relação ao elemento espontâneo. Os ditadores – arquitetos da futura sociedade autônoma – erguem o seu edifício sobre um terreno limpo, sem atritos: as massas populares, mantidas livres de toda interferência manipuladora, própria à liberdade de opinião, transitam, diretamente, por meio da ação pedagógica dos líderes, do estado semiprimitivo para a organização igualitária autogerida. Nesses termos, a proibição de todo pluralismo ideológico e político e o monopólio estatal da educação se constituem em instrumentos essenciais para a fundação do novo.

É comum, entre os comentadores e biógrafos de Bakunin, datar o pleno desenvolvimento de suas concepções anarquistas a partir da década de 1860, após sua volta ao Ocidente. Nessa época, embora continue extremamente ativo na fundação de sociedades secretas internacionais, procurando aglutinar nelas a *intelligentsia* revolucionária europeia, ele abandona as teses da 'ditadura transitória' e realça decididamente o caráter espontâneo, imediatamente antiestatal, da Revolução. No entanto, embora no plano da concepção política formal a tendência blanquista tenda a ceder passo a um populismo libertário e espontaneísta, vários de seus escritos entre 1862 e 1876, ano da sua morte, revelam uma constante alternância entre o apego irrestrito e entusiástico a um anarquismo baseado nos movimentos espontâneos do povo e a amarga constatação de que este é essencialmente incapaz de gerar o novo.

Encontramos exemplos desse movimento oscilatório nos textos em que avalia a situação do campo revolucionário na Europa. Entre eles, o "Programa da Fraternidade" – organização secreta e pública, fundada em 1864, visando aglutinar os "revolucionários mais inteligentes" da Europa – confere a estes o papel, subsidiário, de reunir e coordenar as tendências subversivas e emancipatórias, presentes de forma dispersa entre as massas pobres de cada país. Frisando que apenas os povos podem subverter o mundo por iniciativa própria, o documento prevê a irrupção iminente de uma turbulência generalizada, de um incêndio universal brotado das entranhas da sociedade e destinado a arruinar todos os Estados. O estender-se desse fogo purificador pela Europa, fazendo *tabula rasa* do velho mundo dos privilégios, abriria o espaço para a articulação imediata da 'ordem' anárquica.[10] "E a ordem e a unidade destruídas enquanto produtos da violência e do despotismo irão renascer no seio mesmo da liberdade" (Bakunin, 1979a, p.269).

Tanto a guerra de extermínio, aí representada como uma autêntica cruzada religiosa,[11] quanto a livre federação de comunas prestes a emergir dos escombros do velho sistema têm por protagonistas efetivos as massas populares. Seu instinto de rebeldia, sua paixão revolucionária irão incendiar o mundo, enquanto suas experiências associativas darão vida às comunas locais e às cooperativas de produção e consumo erguidas sobre as ruínas do capital e do Estado.

Em outros escritos da mesma época, como, por exemplo, a longa carta enviada a Herzen e Ogareff em julho de 1866, em que Bakunin discute a situação política do Império Russo (cf. Bakunin, s.d., p.212-41), deparamos com uma visão bem menos otimista a respeito da capacidade transformadora das revoltas e associações populares. Referindo-se especificamente à comuna rural russa, o autor não compartilha inteiramente a avaliação positiva de Herzen. Enquanto este identificava no

---

10 Em seu artigo "Poeira das barricadas: notas sobre a comunidade anárquica", Francisco Foot assinala o significado ao mesmo tempo destruidor e regenerador do incêndio no imaginário anarquista (cf. Hardman, 1990, p.161-2).

11 "Que o mundo necessariamente irá se cindir em dois campos, o da nova vida e o dos antigos privilégios e que, entre estes dois campos opostos, formados, como no tempo das guerras religiosas, não mais pelas atrações nacionais, mas pela comunidade das ideias e dos interesses, deverá se acender uma guerra de extermínio, sem piedade e sem trégua..." (Bakunin, 1979a, p.267).

obscina um modelo comunitário livre, construído à margem da estrutura latifundiária e da ordem autocrática, Bakunin realça sua grande dependência do imperador, seu extremo conservadorismo e incapacidade para evoluir.[12] Embora reconheça a grande importância da comuna agrária, por dar uma forma visível à certeza 'instintiva' dos camponeses russos em torno de seu direito à terra, não deixa de ver nela, também, um instrumento cego e dócil na mão do governo imperial. A tensão entre a necessidade de afirmar que o verdadeiro está nas massas e a de combater os preconceitos, ignorância e servilismo destas revela os impasses – e limites – do espontaneísmo de Bakunin:

> Porque, a verdade não é uma abstração qualquer e não pode se produzir como um resultado arbitrário pessoal; é a expressão lógica dos princípios que as massas adotaram e que tem uma ação sobre elas. Estas, graças à sua ignorância e à sua miopia, estagnando-se, desviam-se por momentos da grande rota que as conduziria diretamente ao objetivo. Frequentemente, também, entre as mãos do governo e das classes privilegiadas, elas se tornam um instrumento para servir a fins essencialmente opostos aos seus próprios interesses substanciais. (Bakunin, s.d., p.234)

Para reparar esses frequentes desvios de rota, as minorias instruídas intervêm e, pela força de suas luzes, conduzem o povo ao caminho da verdade, por uma ação mais diretiva do que caberia a simples coordenadores e unificadores do movimento. A acentuação do papel formador das vanguardas cultivadas

---

12 A comunidade camponesa russa organizava-se sob a forma do *mir*, associação livre de camponeses que redistribuía a terra periodicamente e cujas decisões eram acatadas por unanimidade. A maioria dos precursores do populismo russo, entre eles Herzen e Bakunin, vislumbrava nessa organização a base social para o erguimento de uma federação de comunas autogeridas, segundo o modelo idealizado por Proudhon (cf. Berlin, 1988, p.215). Para uma análise exaustiva das relações entre o populismo russo e as organizações e movimentos camponeses, cf. Venturi, 1977.

atinge o paroxismo, quando, na mesma carta, em comentário à receptividade do *bas-peuple* italiano aos grupos revolucionários, encontramos a seguinte afirmação:

> Na Itália meridional, sobretudo, o *bas-peuple* acorre em massa para nós, e não é a matéria-prima que nos falta, mas homens instruídos e inteligentes que saibam dar forma a esta matéria-prima. (ibidem, p.215)

A representação das massas pela figura da matéria, que sugere a inércia e ausência de vida inteligente, contrasta nitidamente com a ideia de que a ação espontânea do povo é sempre norteada por um conhecimento intuitivo de seus verdadeiros interesses e fins.

Gaston Leval, em La pensée constructive de Bakounine (*O pensamento construtivo de Bakunin*), data desses mesmos anos de 1866 e 67 o início de um novo período em seu ideário anárquico. Este, baseado até então na comuna rural e nas cooperativas obreiras, passará a incorporar um novo elemento, atribuindo um papel primordial às coligações de resistência econômica dos trabalhadores e ao seu clássico instrumento de luta, a greve (cf. Leval, 1976, p.161-4). Tendo ingressado em 1868 na Internacional dos Trabalhadores, o revolucionário russo travou aí uma famosa e intensa luta política com Marx, ao longo da qual escreveu textos em que examina o papel regenerador da solidariedade econômica proletária.[13] Segundo seus argumentos, enquanto a canalização das lutas operárias para a reforma ou conquista do Estado cria camadas burocráticas no interior do movimento, 'infectando' o socialismo com o 'vírus' do poder e privando-o de sua força vital e renovadora,[14] as 'caixas de

---

13 Cf., a esse respeito, Bakunin, 1965.

14 Numa carta de 1870 a Albert Richard, Bakunin convoca os operários a se separar radicalmente da burguesia, "política e moralmente morta". A seu ver, nas "caixas de resistência e nos movimentos autogestionários estão

resistência' e as greves econômicas aglutinam a grande massa deserdada, a 'canalha proletária', inteiramente imune à doença da civilização burguesa.

Numa perspectiva oposta à de Proudhon, que, como vimos, negava às lutas econômicas qualquer potencial transformador, Bakunin reconhece, nelas e em sua articulação internacional, a emergência do novo mundo do proletariado, "... herdeiro legítimo, mas ao mesmo tempo demolidor e coveiro de todas as civilizações históricas privilegiadas e, como tais, completamente exauridas e destinadas a morrer" (1965). Particularmente interessante é a sua valorização do papel das greves. Momentos privilegiados da luta, essas eletrizam as massas trabalhadoras, suscitando nelas o sentimento profundo do abismo que as separa da burguesia. Ao mesmo tempo, desenvolvem a solidariedade, a simpatia mútua, "profunda e apaixonada", geradora da Revolução. Constituindo uma propaganda do socialismo *pelos fatos*, a greve tem "... dupla ação: uma negativa, a outra inteiramente positiva, que tende a constituir diretamente o novo mundo do proletariado, opondo-se de maneira quase absoluta ao mundo burguês" (ibidem, p.188).

Ao vislumbrar na solidariedade econômica do proletariado a manifestação dos princípios norteadores do socialismo antiestatal, Bakunin procura apoio na história concreta dos movimentos trabalhistas para comprovar a gênese de tais princípios nas necessidades reais, aspirações e sentimentos do povo. No entanto, tal constatação não lhe impede de reconhecer, no formidável poder do Estado moderno, um grande empecilho

---

lançadas as bases da nova ordem política, cujo desenvolvimento pleno é concomitante à derrubada revolucionária do sistema capitalista: "os operários desejarão mais uma vez representar o papel dos enganados? Não. Mas, para não serem enganados, o que devem fazer? Abster-se de qualquer participação no radicalismo burguês e organizar-se fora dele" (Bakunin, 1987, p.54).

à emergência dos movimentos populares espontâneos, já que o monopólio da força física e da educação tendem a *extirpar* a vitalidade das massas, provocando nelas uma metamorfose quase anímica. Nessa linha de análise, ao saudar na Internacional dos Trabalhadores o prenúncio da vida nova, afirma, também, que, a partir do século XVI, todas as revoluções, inclusive a de 1789, constituíram apenas lutas de camadas dominantes pela conquista do poder, nas quais as massas figuram sempre como meros instrumentos, deixando-se "desmoralizar", "sujeitar", "castrar", graças ao "hábito fatal de uma obediência e resignação bovinas" (ibidem, p.195).

Mais que explorar as possíveis contradições e incongruências lógicas inerentes a essa alternância de enfoques, interessa, a nosso ver, procurar entendê-la no interior da problemática colocada aos propugnadores da revolução social numa época em que o acelerado avanço científico e técnico encontra-se associado, para a grande maioria dos homens, ao aprofundar-se da miséria. Por um lado, Bakunin procura a redenção do mundo na vida do povo, figurado como o outro absoluto do capital e do poder. Por outro lado, a seus olhos de homem culto, impregnado de espírito racionalista e cientificista, também próprio ao seu tempo, as massas parecem ignorantes, estúpidas, passivas. Nessa dupla caracterização, os pobres, portadores instintivos do socialismo e, ao mesmo tempo, vítimas da força e da mentira e radicalmente incapazes de transformação manifestam, dramaticamente, em sua existência bruta e inocente, a cisão nuclear do mundo contemporâneo entre ciência e virtude. Seu reencontro, imprescindível à constituição da ordem livre, como mostra a análise do Bakunin filósofo da história, concretiza-se, para o Bakunin militante, por uma forma organizativa capaz de fundir o anticapitalismo instintivo do povo com a ciência burguesa do real.

Esse sonho inflamou de tal forma a sua imaginação, que a procura dos meios para concretizá-lo marca profundamente seja seu esforço intelectual, seja sua atividade revolucionária. Para quem procura acompanhar os caminhos dessa busca, os textos do início da década de 1870 constituem uma descoberta intrigante: ao mesmo tempo que marcam o apogeu do polo anarco-espontaneísta de Bakunin, contêm, também, suas mais elaboradas e minuciosas teorizações sobre o papel da 'vanguarda iluminada'. É nesse período, com efeito, que, em inúmeras investidas contra o "autoritarismo" de Marx e o "idealismo" de Mazzini,[15] o defensor de uma Internacional de massas critica com extrema veemência toda tentativa de produzir cientificamente o novo, encaixando a realidade num plano preconcebido. Alertando contra a imposição 'desde cima' do ideal revolucionário, assinala que apenas o movimento livre e espontâneo das massas pode gerar a unidade e harmonia dos objetivos, conservando "... a infinita multiplicidade e diversidade de interesses e aspirações, desejos e necessidades reais que constituem em seu conjunto a vontade coletiva do povo" (Bakunin, La comuna de Paris y el Estado, apud Maximoff, 1978, p.59). Porém, ao mesmo tempo que se acentua a defesa intransigente de um processo revolucionário horizontal, baseado na livre articulação do diverso, multiplicam-se, também, as referências à necessidade de construir uma "ditadura coletiva clandestina": um conjunto compacto de "revolucionários instruídos", cuja unidade se edifica, em contraste gritante com a dinâmica do movimento geral, pela dissolução de todas as diferenças num único sentimento e numa única vontade.

---

15 Pertencem a esse período os mais importantes escritos de Bakunin contra o "estatismo" de Marx e o "idealismo" elitista de Mazzini, acusado de propor um governo de sábios e virtuosos, 'educador' das massas (cf., a esse respeito, Bakunin, 1973b e 1961. Ao mesmo tempo, Bakunin, envolvido com o nihilista russo Necaev, formulava suas famosas teses a respeito da ditadura revolucionária clandestina" em vários manuscritos, cartas e documentos reunidos, em grande parte, em Bakunin, 1971a.

Os arquitetos da ordem anárquica

A convivência do anarquismo bakuniniano com a proposta de uma direção iluminada, construída artificialmente e fundada na disciplina, tem se mostrado embaraçosa para os que reconhecem no ideário anárquico a alternativa mais consequente para as concepções jacobinas de transformação social. Talvez por isso os autores simpatizantes do anarquismo tendam, geralmente, a minimizar os aspectos elitistas e autoritários dessa proposta, ou ignorando-os, ou atribuindo-os à circunstancial influência do revolucionário Necaev.[16] A nosso ver, embora a "ditadura coletiva clandestina" tivesse sido idealizada ao longo do episódio Necaev e se refira especificamente à situação russa, ela constitui, basicamente, um refinamento das sociedades secretas, imaginadas – e postas em prática – por Bakunin para suprir os limites da ação espontânea, seja sob as condições da autocracia russa, seja nas democracias ocidentais. Tal proposta não parece ser, portanto, o produto de reflexões episódicas, de importância menor, mas um constructo central no pensamento político do autor. Por isso, vale a pena conferir mais de perto tanto a articulação interna desse "estado maior socialista", quanto a relação que ele mantém com o movimento das massas.

---

16 Analisando as origens e especificidades do movimento revolucionário russo, Hobsbawm observa que, paralelamente à existência de um imenso campesinato politicamente inexpressivo e de um proletariado urbano numericamente insignificante, crescia na Rússia, a partir de 1840, uma camada de jovens instruídos. Devido ao atraso econômico do império tzarista e à paralisia e corrupção da burocracia estatal, essa nova *intelligentsia* não pôde ser absorvida pelos negócios e pelo Estado, permanecendo "sem lugar" e tendendo, por isso, a se transformar numa força social revolucionária: "uma camada social exígua mas articulada existia que pudesse levar à agitação política, e na década de 1860 veio a adquirir consciência própria, uma associação com radicalismo político, e um nome" (Hobsbawm,1977, p.180). Sergej Necaev, jovem 'nihilista' russo exilado na Suíça no fim dos anos 1860, impressionou o velho Bakunin por seu radicalismo fanático e pela extraordinária vontade de mudança, simbolizando, a seus olhos, toda a força e a vitalidade da nova geração revolucionária.

Patrizia Piozzi

Concebido como uma organização artificial, permanente, imune às oscilações das conjunturas, o comando revolucionário reúne homens excepcionais, portadores do conhecimento racional dos fins, e firmemente determinados a usar de todos os meios para maximizar as contradições até a quebra da máquina estatal e a instauração do socialismo autogestionário. Dotado, para tanto, de uma estrutura interna hierárquica e disciplinada, com submissão a um comando único, ele atua de forma monolítica, como uma verdadeira máquina de guerra. Após o ingresso, cada membro deve sacrificar inteiramente sua personalidade às exigências do coletivo, dissolvendo nele suas paixões e inteligência.[17] No entanto, essa radical 'supressão de si' em nenhum momento parece a Bakunin uma violência à individualidade, uma vez que é fruto de uma entrega livre e apaixonada ao movimento destinado a varrer toda forma coercitiva da face da Terra. O anular-se no todo assume, aí, o sentido de uma transfiguração moral, de uma metamorfose anímica, pela qual a *intelligentsia* originária da classe dominante se torna o *oposto de si*, rompendo radicalmente todos os vínculos externos e internos com um mundo irremediavelmente corrupto e estéril, destinado a morrer.

Embora tecnicamente constituam um corpo estruturado à margem do movimento popular, esses pregadores e combatentes

---

17 As condições de ingresso e permanência na organização encontram-se explicitadas em 21 pontos, numa carta de Bakunin a Necaev, de junho de 1870. Particularmente interessante é o quinto ponto: "Aderindo à sociedade, cada membro se condena para sempre a não ser conhecido publicamente e a não ter nenhum papel aparente. Toda sua energia e sua inteligência pertencem à Sociedade e ele deve ter por objetivo não adquirir uma influência pessoal, mas criar a força coletiva da organização. Cada um deve se convencer de que o prestígio individual é impotente e estéril e que apenas a força coletiva poderá abater o inimigo *comum* e atingir o fim positivo em geral. As paixões individuais de cada afiliado deverão, então, pouco a pouco, apagar-se diante da paixão coletiva" (Bakunin, 1971b, p.241).

Os arquitetos da ordem anárquica

sem nome nem rosto, que abandonam sua situação privilegiada para se integrar de corpo e alma à causa de seus inimigos naturais de classe, deixam de ter aspirações e sentimentos próprios para *dissolver-se* no *povo*:

Os melhores homens do mundo burguês, burgueses por nascimento e não por convicção e aspirações, podem ser úteis apenas se se dissolverem no povo, na verdadeira causa do povo; porém, se continuarem existindo fora do povo, não só não lhe serão úteis, mas serão decididamente nocivos. (Bakunin, 1976b, p.272)

O povo dá a eles a vida, a força elementar e o fundamento, porém, em troca, eles lhe trazem os conhecimentos positivos, o hábito da abstração e da generalização e a aptidão para se organizar e fundar uniões que, por sua vez, produzem a força criadora consciente sem a qual nenhuma vitória é possível. (ibidem, p.61)

A dissolução dos revolucionários no povo confere um sentido peculiar à invisibilidade da ditadura coletiva. Os núcleos que atuam entre as massas devem se confundir com elas de forma que, no plano da superfície, sejam indistinguíveis do movimento espontâneo. Esta é, segundo Bakunin, condição *sine qua non* para que a vanguarda esclarecida e organizada não se torne o germe de um novo poder. Sem vir jamais à luz do dia com sua própria identidade política, as miríades de pequenos grupos vão constituindo a rede subterrânea que, pela influência exclusivamente "natural",[18] esclarece as consciências. Embora o destino desse organismo seja a progressiva autoextinção, à medida que as massas estiverem maduras para caminhar sozinhas, ele continua tendo um papel fundamental no período imediatamente pós-revolucionário, permanecendo algo assim

---

18 Bakunin usa, aí, o termo 'natural' em oposição às formas 'oficiais' (estatais) de pressão social e política.

199

como um vigilante invisível da liberdade. Nas palavras de Bakunin, o caráter natural e clandestino da ditadura coletiva se coaduna perfeitamente com os princípios anarquistas. Primeiro, por esta não se constituir em poder oficial:

Mas se nós somos anarquistas, vocês irão perguntar, com que direito queremos agir sobre o povo e através de quais meios o faremos? Rejeitando toda autoridade, com o auxílio de que poder, ou melhor, força, dirigiremos a revolução popular? Por meio de uma força invisível, que não terá algum caráter público e que não se imporá a ninguém; por meio da ditadura coletiva de nossa organização que será tanto mais potente quanto mais permanecer invisível, não declarada e privada de qualquer direito e papel oficial. (Bakunin, 1971b, p.237)

Em segundo lugar, esses ditadores *sui generis*, formando um único ser, um conjunto orgânico visceralmente identificado com os "impulsos, desejos e necessidades populares", constituem o mais eficiente escudo contra os aventureiros e demagogos que, aproveitando a ignorância do povo, tentam fazer da revolução um campo de luta para a conquista do poder. Ao contrário,

estes grupos, não desejando nada para si, nem vantagens, nem honras, nem autoridade, estarão capacitados para dirigir o movimento popular em sentido oposto e contra todos os ambiciosos, divididos e em luta um contra o outro, e para guiá-lo rumo à realização tão integral quanto for possível do ideal social e econômico, e rumo à organização da liberdade popular mais completa. (ibidem, p.238)

A idealização de um poder iluminado, exercido invisivelmente, por influência 'natural', constitui uma tentativa, sem dúvida imaginosa, de resolver um problema comum aos propositores de um modelo societário em que a ordem não seja fruto de uma interferência reguladora, mas da adesão voluntária de seus membros. Em outras palavras, o problema de fazer brotar a comunidade ideal dos livres e iguais do mundo efetivo dos homens, marcado pela presença do irracional, do preconceito, dos conflitos entre grupos e indivíduos. Escritores políticos tão diferentes como Rousseau, Proudhon e Bakunin, tendo em comum a busca dos meios para efetivar na história a ordem autogerida, encontram no egoísmo dos indivíduos e na ignorância do povo os principais obstáculos a tal concretização. Rousseau, articulando a soberania popular com o poder iluminado dos legisladores e pedagogos, abre espaço para intervenções artificiais sem abandonar, porém, o lastro natural; o velho Proudhon, renunciando ao sonho juvenil da dissolução definitiva do político na "autocracia de cada um sobre si", reconhece no Estado federativo a forma mais democrática e eficaz para manter o máximo equilíbrio entre as inevitáveis discordâncias entre os homens; Bakunin, como Proudhon crítico contundente do governo dos sábios, não parece pôr em dúvida, nunca, que da revolução popular anticapitalista irá nascer uma convivência humana em que a ordem seja fruto da liberdade. No entanto, o livre e harmônico entrelaçamento entre cada um e todos, compondo, na superfície, toda a beleza e virtude do organismo anárquico, resulta, também, de uma in-tervenção artificial subterrânea. Analogamente aos artistas que puxam os fios das marionetes, os 'ditadores invisíveis' constroem os alicerces do novo mundo, impedindo que do egoísmo dos mais fortes e astutos e da ignorância das massas surjam novamente conflitos, desigualdade, opressão. Como os legisladores rousseaunianos e os líderes mutualistas de Proudhon, são os mais aptos para encarnar a verdade, visto que estão livres dos males que afligem indivíduos e massas: detentores do saber, estão, ao mesmo tempo, inteiramente isentos de desejos pessoais. Sua relação com as massas não é, nem poderia ser, marcada pelo debate democrático, já que a proposta que eles trazem não é fruto de um acordo de opiniões e interesses, mas do reconhecimento da verdade. Tendo chegado a ela por meio da ciência, infinitamente mais rápida que a vida, cabe-lhes empregar sua energia para implantá-la definitivamente na realidade.

Algumas análises críticas da doutrina bakuniniana, como por exemplo de Domenico Settembrini, ou, no Brasil, de Paulo Araújo, ressaltam sobremaneira seus aspectos autoritários e elitistas (cf. Settembrini, 1979, cap.I, passim, e Araújo, 1988, cap.III, passim). O estudioso italiano identifica na organização revolucionária clandestina a antecipação do partido leninista e um constructo que "... trai o fundo jesuítico, de fé conquistadora, que está à base da nova religião" (Settembrini, 1979, p.265). Esta esconderia, sob a fraseologia espontaneísta e libertária, o fundamental desprezo, comum a toda crença messiânica, pela 'multidão cega'. Araújo, por sua vez, numa interessante análise das metáforas orgânicas na doutrina anarquista, aponta para a relação essencialmente autoritária – e pedagógica – que Bakunin estabelece entre o militante revolucionário, portador dos fins 'objetivos' da história e a massa infantilizada, receptáculo passivo de uma verdade inquestionável. No entanto, embora o papel destacado atribuído às verdades científicas e aos seus profetas não deixe dúvidas sobre os aspectos elitistas da concepção de Bakunin, não devemos esquecer de outra autoridade, mais visceral e profunda, central em seu imaginário: a que emana do mundo dos pobres, nos quais se encarnam o bem e a vida, em oposição absoluta ao mundo podre da burguesia. Essa oposição radical, de grande importância para configurar o seu populismo anarquista, nos traz à mente a "separação das classes" proudhoniana. Sem dúvida, grandes diferenças separam os dois pensadores. O socialismo de Bakunin é coletivista e exige a abolição de toda propriedade privada, cavando um abismo intransponível entre a burguesia e o proletariado, figurado como o 'coveiro' da civilização burguesa. Apesar dessas grandes diferenças, Bakunin tem, em comum com seu mestre, a ideia de que as lutas e organizações dos trabalhadores manifestam, *diretamente*, a tendência regeneradora da humanidade: tendência ao conviver igualitário e cooperativo, gerada em um mundo 'totalmente outro' da civilização capitalista, habitado pelos que conservam a intimidade instintiva com as leis da natureza.

Se olharmos para a "ditadura coletiva clandestina", tendo presente a imagem do povo redentor, ela nos parece menos a congregação messiânica dos cientistas-sacerdotes e mais o lugar onde as 'luzes' se despojam de todo poder e privilégios para se tornarem servas do povo, este sim, o verdadeiro messias. A negação absoluta de todo projeto pessoal, a renúncia a ser visto e reconhecido e até a permanecer na memória do outro integram organicamente o revolucionário culto à causa do povo, tornando-o um divulgador da ciência: um filtro pelo qual o mundo dos puros absorve o único elemento que lhe faltava para virar o mundo de ponta-cabeça.

Esse aspecto da teoria da organização de Bakunin se entrelaça com o outro a ponto de se tornar praticamente indistinguível dele: as "Fraternidades" são, ao mesmo tempo, o poder iluminado, que guia e molda, e o grupo, ascético e abnegado, dissolvido no povo. Se acentuarmos o papel diretivo e vanguardista, encontramos os revolucionários-cientistas de Lenin; caso contrário, estamos diante dos jovens idealistas russos que, ao longo da década de 1860, caminharam aos milhares até o povo, para oferecer-lhe instrução, mas, acima de tudo, para apreender e estar com ele. Ou, também, podemos encontrar uma geração de intelectuais europeus à qual pertencem Sorel e Berth, que viu nos sindicatos operários e nas greves a emergência da verdadeira democracia do trabalho, portadora de uma moral radicalmente oposta ao individualismo burguês.

É possível concluir, a nosso ver, que a proposta organizativa de Bakunin traduz para o terreno da práxis política a confluência entre sua crença no progresso e na ciência e seu populismo anárquico, marcado por um anticapitalismo romântico e messiânico. Crenças que caracterizaram profundamente o seu tempo e, sobretudo, a gênese da ideia socialista libertária.

No entanto, esses aspectos não esgotam o alcance da proposta de Bakunin. Esta apresenta uma faceta jesuítica que não pode ser explicada apenas por seu conhecido gosto pelos complôs maçônicos e pelas conspirações de estilo folhetinesco. Aos olhos do velho revolucionário, a poderosa organização dos Estados modernos, baseada na "força e na mentira", deveria ser atacada e abalada pelo que hoje poderíamos denominar uma permanente "guerra de guerrilha", conduzida por uma organização de combate, capaz de agir friamente, usando, também, da força e da mentira. Assim, os militantes das "Fraternidades" não são apenas pedagogos, ou justiceiros, como os mutualistas de Proudhon. São, também, jesuítas: não hesitam, no combate aos inimigos do povo, em usar de todos os artifícios criados para garantir o domínio e o privilégio. Dessa forma, trazem para dentro do campo revolucionário os horrores e a depravação do velho mundo, cedendo à lógica da eficácia.

A introdução desse elemento no ideário socialista anárquico pode ser interpretada como um sintoma do declinar das esperanças emersas dos grandes eventos do século XVIII, de transformar o mundo exclusivamente pela força da verdade e da virtude. O trágico desfecho de 1848, a desalentadora estagnação posterior, marcada pela ascensão do cesarismo no país das revoluções, o massacre sem precedentes que se seguiu à fugaz beleza da Comuna de Paris, a formação das primeiras aristocracias e burocracias operárias pareciam mostrar que o velho mundo não cairia tão facilmente, nem pela força da persuasão racional, nem pela irrupção redentora do proletariado na cena política. A incorporação à luta revolucionária de armas tidas como essenciais para a manutenção do *status quo* parece, de certa forma, uma rendição, implícita, diante de sua força, prenunciando melancolicamente o eclipse de duas figuras centrais no imaginário do socialismo nascente: o povo e a ciência.

Tal eclipse e tal melancolia transparecem nas palavras do velho Bakunin, numa carta escrita a Elisée Reclus, em 1876, no fim da vida, na qual discute a conjuntura internacional:

> Pobre humanidade! É evidente que ela só poderá sair desta cloaca por uma imensa revolução social. Mas como ela fará esta revolução? Nunca a reação internacional da Europa esteve tão formidavelmente armada contra o movimento popular. Ela fez da repressão uma nova ciência que se ensina sistematicamente nas escolas militares aos tenentes de todos os países. E para atacar esta fortaleza inexpugnável, o que temos? As massas desorganizadas. Mas como organizá-las, quando elas não são suficientemente apaixonadas por sua própria salvação, quando elas não sabem o que elas devem querer e não querem a única coisa que pode salvá-las?...
>
> Resta uma outra esperança: a guerra universal. Estes imensos Estados militares devem se entredestruir e entredevorar, cedo ou tarde. Mas que perspectiva! (Bakunin, 1987, p.111)

Essas palavras, que nos dias de hoje têm para nós uma ressonância assustadora e sinistra, anunciam os impasses da revolução proletária no século XX. Apesar do grande renascimento das lutas de massa a partir de 1880, e dos frequentes, porém fugazes, momentos em que tais lutas pareceram prestes a destruir de vez as relações de poder, a tendência geral da história no século passado coloca em xeque as certezas e concepções que acompanharam o período heroico do socialismo. A crise desse ideário, que talvez encontre, no sonho anárquico de Bakunin, sua expressão mais ousada, marca o debate dos revolucionários ao longo do século XX.

Considerações finais

Ao iniciarmos este livro, tínhamos como preocupação central compreender o significado atribuído à anarquia por aquelas correntes libertárias que vincularam a revolta industrial e de massa contra a sociedade autoritária e classista a um projeto coletivo e global de transformação. Mais especificamente, buscávamos elementos teóricos para pensar a relação entre reforma econômico-social e fim das leis e dos governos, tal como esta é concebida nas doutrinas dos primeiros pensadores ácratas do século XIX, responsáveis por vincular o ideal anarquista ao socialismo moderno. A reconstrução desse nexo em cada doutrina examinada revelou certos aspectos comuns, referentes à natureza e origem do modelo societário ácrata.

Ficando claro, desde as primeiras e genéricas abordagens do tema, que, para os autores em pauta, a abolição de leis e governos não significa, em nenhum momento, um estado de anomia, mas, ao contrário, é condição para a emergência de uma ordem autogerida e equilibrada, procuramos verificar: 1) de que forma, no plano teórico, o modelo anárquico articula as exigências da liberdade pessoal e política com as da igualdade econômica, fundando a convivência cooperativa dos homens exclusivamente sobre sua razão e querer; 2) como, na passagem da teoria à prática, os propositores da acracia identificam a gênese desse modelo nos movimentos anticapitalistas da modernidade.

No que diz respeito ao primeiro desses objetivos, a análise dos textos mostrou que a "comunidade dos livres e iguais" anárquica funde, hibridamente, em si, duas imagens diferentes da sociedade: numa, em que o indivíduo aparece como fundante e soberano, a harmonia nasce do perfeito equilíbrio entre seres independentes; na outra, a pessoa constitui-se primeiro como membro de um todo organicamente constituído, derivando sua individualidade da articulação interna do Uno. A superposição desses modelos evidencia-se seja na proposta de reforma econômica, seja na concepção de democracia política.

No plano econômico, a proposta, centrada na extinção da propriedade capitalista e no projeto de um ensino democrático, visa garantir a cada produtor o desenvolvimento pleno de suas capacidades e inclinações. No entanto, os pensadores anárquicos, apesar de seu culto à liberdade individual e do ataque contundente aos modelos comunitários uniformizadores das diferenças, temiam também, como grande parte dos críticos do liberalismo dos séculos XVIII e XIX, as consequências desequilibrantes da diversidade. Convictos de que a democratização das oportunidades para indivíduos naturalmente diferentes por talentos e aspirações não constitui garantia de uma convivência cooperativa, resolvem esse problema, no plano da teoria sociológica, por uma concepção funcional do diverso encarando-o como resultado da complexidade do organismo produtivo. A providência da natureza distribui vocações e talentos de forma tal que estes, analogamente às funções dos complexos biológicos, confluem harmonicamente para o mesmo fim. A inclinação natural de cada um coincide, então, com seu papel coletivo, garantindo que a diferença seja base para a unidade e a cooperação. Atribuindo esse engenhoso encaixe entre exigências individuais e coletivas à obra da natureza, os anarquistas fundam sua proposta de reforma em leis universais e imutáveis da economia e da sociedade demonstráveis pela ciência.

A articulação híbrida entre equilíbrio de forças e totalidade integrada no nível econômico-social se reproduz, também, no âmbito da teoria política, em que a defesa estrênua da mais irrestrita liberdade de opinar convive com a certeza da supressão de todo conflito e divergência, resultante necessariamente do processo da discussão. Tal sobreposição se evidencia exemplarmente na crítica ambígua ao modelo político de Jean-Jacques Rousseau. O filósofo genebrino é acusado de fazer da democracia direta um instrumento para o "governo dos melhores", reduzindo a liberdade dos cidadãos à mera legitimação, pelo voto, da obra do legislador. Negado em nome da democratização efetiva da vida pública, o sufrágio universal é considerado, também, um obstáculo à unidade do corpo político. Ao censurar Rousseau por ter renegado o princípio fecundo da vontade geral, reduzindo-a a um simples somatório de vontades arbitrárias e atomizadas, Proudhon lhe opõe a proposta dos contratos comunais, nos quais as normas expressam a convergência de todas as vontades e pensamentos em torno das leis imutáveis que governam a vida comum. Na medida em que o livre debate de ideias configura um meio para atingir a verdade, propiciando o processo que vai do plural ao Uno, a "soberania do indivíduo" identifica-se com a obediência à lei natural, descoberta e incorporada pela razão. A variedade e divergência de pensamentos, analogamente à dos pendores e capacidades, perde a dimensão do conflito e assume o papel, positivo e funcional, de constituir o corpo político pacificado, no qual se unificam espontaneamente todas as funções, trocas e ideários. Dessa forma, liberdade social, econômica e política têm o mesmo fundamento.

A análise da teoria social, mostrando que a efetivação desse modelo dependeria da capacidade dos homens em reconhecer certos princípios imutáveis de seu próprio convívio, suscitava imediatamente outra indagação: a que diz respeito à passagem do plano ideal para o concreto da história. Nessa passagem, na qual a sociedade ácrata funciona como o paradigma norteador para o diagnóstico da realidade, os pensadores anárquicos procuram, primeiro, explicitar por que as coisas não seguiram, no mundo dos homens reais, os ditames da natureza; em segundo lugar indicam como, e por intermédio de quem, a ordem verdadeira se manifesta na dimensão histórica. Assim, atribuem os conflitos tão característicos das sociedades efetivas ao caráter complexo e duplo da *psyché* humana e ao seu peculiar desenvolvimento ao longo da história. O homem, ser ao mesmo tempo individual e coletivo, cuja sensibilidade oscila entre os pendores sociais e o egoísmo, não tem conhecimento inato das leis naturais, ponto de equilíbrio dos dois polos. No que diz respeito à conquista desse equilíbrio, a imagem da revolução que a ele conduz resulta do entrelaçamento entre matrizes teóricas diferentes: de um lado, a concepção racionalista e progressista de história, do outro, a crítica romântica às relações sociais fundadas sobre o interesse pessoal.

Na primeira perspectiva, a revolução social do século XIX, estendendo à esfera econômica os ideais igualitários e libertários gerados no bojo da modernidade e realizados no plano político pela Revolução Francesa, configura o momento supremo do caminho progressivo da história do "bestial ao humano", da "razão ignorante à razão instruída". Coerentes, sob esse aspecto, com as crenças progressistas predominantes em seu tempo, os pensadores ácratas identificam no socialismo moderno o herdeiro e continuador das conquistas econômicas e políticas da burguesia. Anunciando, esclarecendo e fundando na demonstração lógica as novas ideias, a teoria social entrelaça-se aos movimentos e insurreições populares, selando a aliança entre as duas grandes forças civilizadoras da humanidade, o trabalho e a ciência.

Se por esse ângulo revelam suas raízes iluministas, por outro, esses leitores 'envergonhados' de Rousseau são, também, críticos radicais da razão individualista, sob cujo signo nasce o mundo moderno, marcado pela ignorância e alienação da maioria e pelo egoísmo dos grupos minoritários privilegiados. Essa situação desoladora teria seu símbolo mais nítido nas democracias representativas e populares, em que a eleição configura um mero trampolim para o assalto ao poder. Norteados por essa outra avaliação, negativa, da modernidade, procuram as bases de sua "democracia dos produtores" nas formas espontâneas de solidariedade obreira, nos hábitos e organizações de ajuda mútua do povo, na austera simplicidade de seus costumes, que denotariam a emergência natural de um mundo cooperativo, imune ao individualismo e à antropofagia imperantes. Desse ângulo, a nova ordem teria raízes nesse universo separado, portador de uma intensa sensibilidade coletiva, instintivamente próximo das leis da natureza.

Se procurarmos unir as concepções progressistas com o anticapitalismo romântico aí revelado, a acracia configura, ao mesmo tempo, o produto mais elevado da civilização e sua negação radical. Essa contradição na filosofia da história, devida menos a qualquer incoerência do pensamento e mais à própria complexidade do mundo que esses visionários pretendiam transformar, repete-se, também, na tensão entre os elementos artificiais e espontâneos por eles vislumbrados no processo revolucionário. No plano abstrato da teoria, a transformação, seja encarada como progresso ou como negação cabal do que está dado, é fruto, sempre, do movimento que se faz sozinho, corrigindo por si próprio seus maus passos, com a ajuda de ciência "anunciadora e esclarecedora".

No entanto, nos textos voltados para a compreensão das conjunturas, a ideia de que as massas humanas, embrutecidas e mantidas na ignorância e passividade, são incapazes de transformação, conduz à proposta de uma vanguarda política, ao mesmo tempo detentora do conhecimento verdadeiro e imune às paixões egoístas. Esse desdobramento, já delineado no último Proudhon, seja nas elaborações em torno do Estado federativo, seja na figuração do papel redentor e justiceiro da elite mutualista, desemboca, na doutrina de Bakunin, na formulação do estado-maior revolucionário.

Os homens extraordinários que compõem a "ditadura coletiva clandestina" estão, como os legisladores de Rousseau, igualmente distantes do indivíduo que "sabe e não quer" e da massa que "quer e não sabe". *Sabem e querem* ao mesmo tempo e, por isso, são os únicos que podem conduzir as massas rumo à verdadeira ordem, impedindo que astuciosos aventureiros se apossem da Revolução. Para isso, permanecem em seu subsolo, conduzindo-as invisivelmente a seu destino emancipador. Revelado exemplarmente nesse paradoxo dos vigilantes invisíveis da liberdade, um problema não resolvido em outras teorias da revolução anticapitalista, como o marxismo, aparece, na doutrina anárquica, na incômoda posição ventríloqua de ter que encontrar na espontaneidade das massas algo que a doutrina se esforça em colocar antecipadamente por um trabalho sistemático e paciente de educação, propaganda, exemplo.

Entrar em contato, em arquivos e bibliotecas, com velhos textos empoeirados que guardam a memória de eventos e debates marcados pela vontade de criar um mundo justo e livre, onde "o homem é amigo ao homem", nos levou a perguntar, frequentemente, por que razão as dúvidas e dilemas suscitados pelo impacto das "coisas como realmente são" não chegavam a desfigurar essa imagem, e essa vontade. Talvez uma possível resposta se encontre na condição de desterrados – românticos sem raízes no mundo real – dos 'revolucionários', como sugerem os semblantes traçados pelo imaginário contemporâneo para aqueles, entre eles, que aderiram ao credo anarquista: profetas prisioneiros de "visões do paraíso", fanáticos adeptos de um novo messianismo, niilistas fomentadores da destruição total. Embora esses estereótipos tenham alguma correspondência em suas ideias e em suas escolhas políticas, certamente não esgotam o significado e alcance de ambos. Ao lado da fé na futura idade de ouro, seus escritos revelam lúcidos observadores de homens e tempos, empenhados em desvendar os meandros de um processo civilizatório no qual a desigualdade se perpetua em formas cada vez mais sofisticadas e astutas de domínio. Nessa busca, encontram a mesma penúria física e espiritual característica dos albores da história, cristalizada, por um lado, na miséria e no embrutecimento da maioria pobre, por outro, no crescimento desmedido da razão calculista, que aprisiona a imaginação e a sensibilidade humanas, transformando tudo e todos em meios de obter vantagens.

Nos séculos XVIII e XIX e no começo do século XX, os extraordinários acontecimentos que anunciavam a promessa de uma nova sociedade pareciam dividir nitidamente o mundo entre os defensores e os inimigos da liberdade e do progresso social, permitindo aos revolucionários traduzir em programas políticos sua fé na força emancipatória da aliança entre o intelectual educador e o proletário moderno. Contudo, seu diagnóstico da realidade, embora não chegasse a abalar os alicerces dessa fé, já atentava para as novas formas de manipulação e domínio emersas das próprias revoluções democráticas, detectando um problema central para aqueles que ainda hoje procuram vincular a utopia à lógica dos fatos: até que ponto a busca intelectual do verdadeiro e a ação solidária podem se ampliar e ter efetividade em um universo impregnado – e decodificado – pela cultura do individualismo e da competição.

No nosso mundo de hoje, com o acirramento das relações competitivas, a servidão voluntária dos que ainda estão integrados e dos que buscam um lugar no sistema e a desesperança dos que estão dele irreversivelmente excluídos soma-se à trans-

Patrizia Piozzi

formação sistemática das instâncias educativas e culturais em veículos da *forma mentis* mercantil, tendendo a reduzir o pensamento e a ação humana à sua dimensão positiva, legitimadora do *status quo*. No entanto, como já lembrado na introdução deste livro, após a derrota dos projetos transformadores articulados pelas correntes da tradição socialista, renasce, recentemente, um "amplo espectro de esquerda". Enveredando por caminhos diversos, criando novas formas organizativas em busca de uma sociedade mais justa, os movimentos sociais contemporâneos incorporam, também, ideias, debates, imagens oriundas da experiência vivida pelos protagonistas da "era das revoluções". Como eles, não abandonam a vontade de construir uma 'boa vida' coletiva. A mesma vontade que ainda vibra no desalento do velho Bakunin diante da passividade das massas populares, "não suficientemente apaixonadas por sua própria salvação".

Referências bibliográficas

ABENSOUR, M. *O novo espírito utópico*. Campinas: Editora da Unicamp, 1990.

ANSART, P. *El nacimiento del anarquismo*. Buenos Aires: Amorrortu, 1973.

_____. *Marx e l'anarchisme*. Paris: Presses Universitaires de France, 1969.

ARAÚJO, P. E. M. *Domínio da regra*: condição do saber e do agir. Considerações sobre as experiências liberal e anarquista na República. Dissertação (Mestrado). Universidade Federal de Minas Gerais, 1988.

ARENDT, H. *Da revolução*. São Paulo: Ática, 1988.

ARVON, H. *El anarquismo en el siglo XX*. Madrid: Taurus, 1981.

AVRICH, P. *Los anarquistas rusos*. Madrid: Alianza, 1974.

BABEUF, F. *Il tribuno del popolo*. Roma: Editori Riuniti, 1977.

BACCHELLI, R. *Il diavolo a Pontelungo*. Milano: Mondadori, 1983.

_____. *Rousseau*: Solitude et communauté. Paris: Mouton, 1974.

BACZKO, B. *L'Utopia*. Torino: Giulio Einaudi, 1979. (Trad. de *Lumières de L'Utopie*. Paris: Payot, 1978)

BAKUNIN, M. Lettre de Bakounine a Herzen et a Ogareff (19 de juillet 1966, Ischia). In: DRAGAMANOV, M. (Org.). *Correspondance de Michael Bakounine:* Lettres a Herzen et a Ogareff (1860-1874). Paris: Perrin, s.d.

Patrizia Piozzi

————. Écrit contre Marx. In: ————. *Michel Bakounine et les conflits dans L'Internationale – 1872.* Leiden: E. J. Brill, 1965. (Archives Bakounine v.II).

————. *Michel Bakounine et ses relations avec Sergej Necaev.* Leiden: E. J. Brill, 1971a. (Archives Bakounine) v.IV.

————. Lettre a Serge Necaev – 2 juin 1870, Locarno. In: BAKUNIN, M. *Michel Bakounine et ses relations avec Sergej Necaev.* Leiden: E. J. Brill, 1971b. (Archives Bakounine, v.IV)

————. Apêndice: Theologie politique de Mazzini. In: *Bakounine et l'Italie – 1871 a 1872. Oeuvres Complètes de Bakounine.* Paris: Champ Libre, 1973a. v.I.

————. Réponse d'un international a Mazzini [1871]. In: *Bakounine et l'Italie – 1871 a 1872. Oeuvres Complètes de Bakounine.* Paris: Champ Libre, 1973b. v.I.

————. *Confession* [1851]. Paris: PUF, 1974.

————. Estatismo y anarquía. In: *Obras,* t.V. Madrid: Júcar, 1977.

————. Animalidad y rebelión. In: WOLFGANG, D. (Org.). *Anti-autoritarismo y anarquismo.* Barcelona: Anagrama, 1978.

————. Il programma della fraternità (1865). In: SETTEMBRINI, D. *Il labirinto rivoluzionario.* Milano: Rizzoli, 1979a. v.1.

————. *La instrucción integral.* Barcelona: Pequeña Biblioteca. Calamus Scriptorius, 1979b.

————. Fédéralisme, socialisme et anti-theologisme. In: *Oeuvres.* t.I. Paris: Stock, 1980.

————. *Bakunin por Bakunin* – Cartas. Seleção, organização e tradução de P. Coelho. Brasília: Novos Tempos, 1987.

————. Dieu et l'état. In: ————. *L'empire Knouto-germanique et la Révolution sociale.* Leiden: E. J. Brill, 1988. v.5. (Archives Bakounine, v.VI) (Trad. bras. *Deus e o Estado.* São Paulo: Cortez, 1988.)

BERLIN, I. *Pensadores russos.* São Paulo: Companhia das Letras, 1988.

BERMAN, M. *Tudo que é sólido se desmancha no ar.* São Paulo: Companhia das Letras, 1986.

BERNARDI, W. *Morelly e Dom Deschamps – Utopia e ideologia nel secolo dei lumi.* Firenze: Leo Olshki, 1979.

BERTH, E. *Les méfaits des intelectuels.* Paris: M. Rivière, 1914.

BIANCHI, S. *La révolution culturelle de l'an II – Élites et peuple (1789-1799).* Paris: Aubier Montaigne, 1982.

BOBBIO, N. & BOVERO, M. *Sociedade e Estado na filosofia política moderna.* São Paulo: Brasiliense, 1986.

BOTO, C. *A escola do homem novo*: entre o Iluminismo e a Revolução Francesa. São Paulo: Editora UNESP, 1996.

BOURDET, Y. & GUILLERM, A. *A autogestão*. Lisboa: Dom Quixote, 1976.

BRUNI, J. C. Há uma crise nas ciências sociais? In: MARQUES, J. C. & LAHUERTA, M. (Orgs.). *O pensamento em crise e as artimanhas do poder.* São Paulo: Fundunesp, 1988.

CAMUS, A. *El hombre rebelde.* Madrid: Alianza, 1982.

CARR, E. *Los exilados románticos.* Barcelona: Anagrama, 1969.

CASSIRER, E. *The question of Jean-Jacques Rousseau.* Bloomington: Indiana University Press, 1975. (Trad. bras. *A questão Jean-Jacques Rousseau.* São Paulo: Editora UNESP, 1999.)

CHABRIER, J. *L'idée de révolution d'après Proudhon.* Paris: Domat-Mont Chrestien F. Loviton, 1935.

CHAUÍ, M. S. *Da realidade sem mistérios ao mistério do mundo.* São Paulo: Brasiliense, 1981.

CHINARD, G. Introduction. In: MORELLY. *Code de la nature.* Paris, 1950.

COMTE, A. Discurso sobre o espírito positivo. In: *Os pensadores: Comte.* São Paulo: Abril, 1983.

CONDORCET, Marquês de. *Esboço de um quadro histórico dos progressos do espírito humano.* Campinas: Editora Unicamp, 1993.

CUVILLIER, A. *Proudhon.* Paris: Éditions Sociales Internationales, 1937.

DERATHÉ, R. *Jean-Jacques Rousseau et la science politique de son temps.* Paris: J. Vrin, 1979.

DIDEROT, D. Droit Naturel. In: _____. *Oeuvres complètes.* Dictionnaire encyclopedique. Paris: Garnier, 1976. v.14.

DOLLEANS, E. & PUECK, J. Proudhon et la Révolution de 1848. In: *Colletion du cénténaire de la révolution de 1848.* Paris: Presses Universitaires de France, 1948.

DOM DESCHAMPS. *Le vrai système (ou le mot de l'énigme metaphisique et morale).* Publicado por Jean Thomas e Franco Venturi. Genève: Droz, 1963.

DOMMANGET, M. *Os grandes socialistas e a educação.* Braga: Europa-América, 1974.

DRAGOMANON (Org.). *Correspondance de Michel Bakounine:* Lettres a Herzen et a Ogareff (1860-1874). Paris: Libraire Academique Perrin et Cie, s.d.

DRESSEN, W. *Anti-autoritarismo y anarquismo*. Barcelona: Anagrama, 1978.

DUTSCHKE, R., BERGMANN, U., LEFÈVRE, W., RABEHL, B. *La ribellione degli studenti*. Milano: Feltrinelli, 1968.

EHRARD, J. *L'idée de nature en France a l'aube des lumières*. Paris: Flammarion, 1970.

ENGELS, F. *A situação da classe operária em Inglaterra*. Porto: Afrontamento, 1975.

_____. *Do socialismo utópico ao socialismo científico*. Lisboa: Estampa, 1974.

ENZENSBERGER, H. M. *O curto verão da anarquia*. São Paulo: Companhia das Letras, 1987.

EUCHNER, W. *La filosofia politica di Locke*. Bari: Ed. Laterza, 1976.

FETSCHER, I. *La filosofia politica di Rousseau*. Milano: Feltrinelli, 1972.

FEUERBACH, L. *La esencia del cristianismo*. Salamanca: Sigueme, 1975.

_____. *Principi della filosofia dell'avvenire*. Torino: Einaudi, 1946.

FORRESTER, V. *Uma estranha ditadura*. São Paulo: Editora UNESP, 2000.

_____. *O horror econômico*. São Paulo: Editora UNESP, 1996.

FORTES, L. R. S. *Paradoxo do espetáculo*. São Paulo: Discurso Editorial, 1997.

_____. *Rousseau*. Da teoria à prática. São Paulo: Ática, 1976.

FOURIER, C. *Égarement de la raison*. In: _____. *L'Ordre Subversive*. Paris: Aubier Montaigne, 1972.

FRANCO, M. S. C. All the world was America. *Revista da USP*, n. 17, São Paulo, mar./abr. 1998.

GELDOF, Bob. Carta Aberta aos Líderes do G8. *Folha de S.Paulo*, São Paulo, 3 set. 2005, p.A-18.

GIRARDET, R. *Mitos e mitologias políticas*. São Paulo: Companhia das Letras, 1987.

GODWIN, W. *Enquiry concerning political justice*. Great Britain: Penguin Books, s/d.

GOLDSCHMIDT, V. Le problème de la civilizagion chez Rousseau. In: *Manuscrito*, Revista de Filosofia, v.III, n.2, abr. 1980.

GUATTARI, F. *Revolução molecular, pulsações políticas do desejo*. São Paulo: Brasiliense, 1981.

GUÉRIN, D. *Proudhon*: Oui ou non. Paris: Gallimard, 1978.

GUILLAUME, James. Bakounine: Notice biographique. In: BAKUNIN, M. *Oeuvres*. Paris: Stock, 1980.

GURVITCH, G. *Proudhon, sa vie, son oeuvre*. Paris: Presses Universitaires de France, 1965.

HALEVY, D. *La vie de Proudhon (1809-1847)*. Paris: Stock, 1948.

HARDMAN, F. F. Poeira das barricadas: notas sobre a comunidade anárquica. In: NOVAES, A. (Org.). *O desejo*. São Paulo: Companhia das Letras, 1990.

HARDMAN, F. *Nem pátria nem patrão*. São Paulo: Brasiliense, 1983.

HAUBTMANN, P. *P. J. Proudhon*. Sa vie et sa pensée (1855-1865). t.II. Paris: Desclée des Brouwer, 1988b.

_____. *P. J. Proudhon*. Sa vie et sa pensée (1849-1855). t.I. Paris: Desclée des Brouwer, 1988a.

_____. *Proudhon, Marx et la pensée allemande*. Grenoble: Presses Universitaires de Grenoble, 1981.

_____. Comte vu par Proudhon. In: _____. *La philosophie sociale de Proudhon*. Grenoble: Presses Universitaires de Grenoble, 1980b.

_____. *La philosophie sociale de Proudhon*. Grenoble: Presses Universitaires de Grenoble, 1980a.

HEGEL, G. W. T. *Lecciones sobre la historia de la filosofía*. t.III. México: Fondo de Cultura Económica, 1955.

HELVETIUS, C. A. Carta a Montesquieu. In: _____. *Helvetius*. São Paulo: Abril, 1984. (Os Pensadores, 26)

_____. *De l'Ésprit*. Verviers: Gérard & Cia., 1973. (Marabout Université)

HILL, C. *O mundo de ponta-cabeça*. São Paulo: Companhia das Letras, 1987.

HOBSBAWM, E. *O novo século*. São Paulo: Companhia das Letras, 1999.

_____. *A era dos extremos*: o breve século XX. São Paulo: Companhia das Letras, 1995.

_____. *Revolucionários*. Rio de Janeiro: Paz e Terra, 1982.

_____. *Os trabalhadores*. Rio de Janeiro: Paz e Terra, 1981.

_____. *A era das revoluções*. Rio de Janeiro: Paz e Terra, 1979.

_____. *A era do capital*. Rio de Janeiro: Paz e Terra, 1977.

HOROWITZ, I. *Los anarquistas*. Madrid: Alianza, 1982.

JACKSON, J. H. *Marx, Proudhon e o socialismo europeu*. Rio de Janeiro: Zahar, 1963.

JOLL, J. *Anarquistas e anarquismo*. Lisboa: Dom Quixote, 1977.

KANT, I. Fundamentação da metafísica dos costumes. In: _____. *Kant*. São Paulo: Abril, 1974. (Os Pensadores, 24)

KRIEGEL, A. Le syndicalisme révolutionnaire et Proudhon. In: *L'actualité de Proudhon*. Bruxelles: Editions de L'Institut de Sociologie de L'Université Libre de Bruxelles, 1965.

KROPOTKIN, P. *A questão social*: O anarquismo em face da ciência. São Paulo: Editorial Paulista, s.d.

_____. *La moral anarquista*. Madrid: Júcar, 1977.

_____. *Em torno de uma vida*: Memórias de um revolucionário. São Paulo: José Olympio, 1946.

LARIZZA, M. I pressuposti teoretici dell'anarchismo di Charles Fourier. In: _____. *Anarchici e Anarchia nel mondo contemporaneo*. Torino: Einaudi, 1971.

LEBRUN, G. As liberdades dentro do liberalismo. In: _____. *Passeios ao léu*. São Paulo: Brasiliense, 1983.

_____. Contrat social ou marché de dûpes? *Manuscrito* (*IFCH/Unicamp*), v.3, n.2, abr. 1980.

LEROY, M. *Histoire des idées sociales en France*. Paris: Gallimard, 1962. t.II.

LEVAL, G. *La pensée constructive de Bakounine*. Paris: René Lefeuvre, 1976.

LICHTHEIM, G. *Las orígenes del socialismo*. Barcelona: Anagrama, 1970.

LOCKE, J. Segundo tratado sobre o governo. In: _____. *Locke*. São Paulo: Abril, 1973. (Os Pensadores, 18)

LOWY, M. *Redenção e utopia*. São Paulo: Brasiliense, 1989.

LUIZZETTO, F. *As utopias anarquistas*. São Paulo: Brasiliense, 1987.

LUXEMBURG, R. A Revolução Russa. In: _____. *Socialismo e liberdade*. Rio de Janeiro: Forum, 1968.

MAITRON, J. *Le mouvement anarchiste em France*. Paris: Maspero, 1983b. v.II.

_____. *Le mouvement anarchiste en France*. Paris: Maspero, 1983a. v.I.

MARCUSE, H. *L´Uomo a una dimensione*. Torino: Einaudi, 1967.

MARX, K. Propriedade privada e comunismo. In: _____. *Manuscritos econômico-filosóficos*. São Paulo: Boitempo, 2004.

_____. Sul diritto di successione: Resoconto contenuto negli atti della seduta del Consiglio Generale del 20 luglio, 1869. In: MARX, K. & ENGELS, F. *Critica dell'anarchismo*. Torino: Einaudi, 1972b.

_____. L'indifferenza in materia política. Londra, Gennaio, 1873. In: MARX, K. & ENGELS, F. *Critica dell'anarchismo*. Torino: Einaudi, 1972a.

MARX, K. & ENGELS, F. *A sagrada família*. 2.ed. Lisboa: Presença, s.d.

_____. As greves e coalizões operárias. In: _____. *Miséria da filosofia*. São Paulo: Ciências Humanas, 1982b.

Os arquitetos da ordem anárquica

_____. *Miséria da filosofia*. São Paulo: Ciências Humanas, 1982a.

_____. *Crítica do programa de Gotha*. Porto: J. R. C. Ribeira, 1974.

_____. *Critica dell'anarchismo*. Torino: Einaudi, 1972.

_____. *O capital*. Livro I, v.1. São Paulo: Abril Cultural, 1983.

MASSARI, R. *Marxismo e critica del terrorismo*. Roma: Newton Compton Editori, 1979.

MAXIMOFF, A. P. (Org.). *Mijail Bakunine*. Escritos de filosofía política 2. Madrid: Alianza Editorial, 1978.

MAYER, A. *A força da tradição*. São Paulo: Companhia das Letras, 1987.

METELLI, C. Lallo. Componenti anarchiste nella concezione politica di Jean-Jacques Rousseau. In: *Anarchici e anarchia nel mondo contemporaneo*. Torino: Einaudi, 1971.

MONÉS, SOLÁ & LAZARO. *Ferrer Guardia y la pedagogía libertaria*. Barcelona: Icaria, 1977.

MORAES, R. C. C. *Neoliberalismo*. De onde vem, para onde vai? São Paulo: Senac, 2001.

MORELLY. *Naufrage des îles flottantes ou Basiliade du célèbre Pilpai*: Poeme Heroique. Traduit de l'Indien par N.N, Messine: Par une societée de Libraires, MDCCLIII (1753).

_____. *Code de la nature*. Paris: Éditions Sociales, 1970. (Trad. bras. MORELLY. *Código da natureza*. Campinas: Editora da Unicamp, 1994.)

MOTTA, F. *Burocracia e autogestão* (a proposta de Proudhon). São Paulo: Brasiliense, 1989.

NASCIMENTO, M. Meira do. *Opinião pública e revolução*. São Paulo: Nova Stela/Edusp, 1989.

NETTLAU, M. *La anarquía atraves de los tiempos*. Barcelona: Jucar, 1977.

PANNEKOEK, A., SALVADOR, M., MAGRI, L. & GERRATANA, V. *Conselhos operários*. Coimbra: Centelha, 1975.

PASTORI, P. *Rivoluzione e continuitá in Proudhon e Sorel*. Roma: Giuffré, 1980.

PETRUCCI, V. *Socialismo aristocratico*: Saggio su Georges Sorel. Roma: Edizioni Scientifiche Italiane, 1984.

PIOZZI, P. Máquinas e homens: utopias e o tempo da revolta. In: ROSSI, V. L. S. de, ZAMBONI, E. (Orgs.). *Quanto tempo o tempo tem!* Campinas: Alínea, 2003.

_____. Natureza e artifício: uma breve nota sobre a proposta pedagógica de Jean-Jacques Rousseau. In: MACHADO, M. L. (Org.). *Encontros e desencontros em educação infantil*. São Paulo: Cortez, 2002.

221

PIVA, P. J. de Lima. *Os manuscritos de um padre anticristão e ateu:* materialismo e revolta em Jean Meslier. Tese (Doutorado). Universidade de São Paulo, 2004.

PRADO, A. A. (Org.). *Libertários no Brasil:* memória, lutas, cultura. São Paulo: Brasiliense, 1986.

PROUDHON, P. J. *Avertissement aux propriétaires:* 2ème et 3ème mémoires sur la propriété. Paris: Groupe Fresne-Antony de la Federation Anarchiste, 1979b.

———. *Idée générale de la Révolution au XIXme siècle.* Paris: Groupe Fresne--Antony de la Federation Anarchiste, 1979a.

———. *Lettres au citoyen Rolland.* Paris: Bernard Grasset, 1946b.

———. *Philosophie du progrès.* Paris: Marcel Rivière, 1946a.

———. Programme révolutionnaire. In: ———. *Oeuvres Complètes.* Paris: Marcel Rivière, 1938. (Librairie des Sciences Politiques et Sociales)

———. De la Justice dans la Révolution et dans l'Église. In: ———. *Oeuvres Complètes.* t.IV. Paris: Marcel Rivière, 1935. (Librairie des Sciences Politiques et Sociales)

———. De la Justice dans la Révolution et dans l'Église. In: ———. *Oeuvres Complètes.* t.III. Paris: Marcel Rivière, 1932. (Librairie des Sciences Politiques et Sociales)

———. De la Justice dans la Révolution et dans l'Église. In: ———. *Oeuvres Complètes.* t.II. Paris: Marcel Rivière, 1931. (Librairie des Sciences Politiques et Sociales)

———. De la Justice dans la Révolution e dans l'Église. In: ———. *Oeuvres Complètes.* t.I. Paris: Marcel Rivière, 1930. (Librairie des Sciences Politiques et Sociales)

———. Les confessions d'un révolutionnaire. In: ———. *Oeuvres Complètes.* Paris: Marcel Rivière, 1929. (Librairie des Sciences Politiques et Sociales)

———. De la création de l'ordre dans l'humanité ou principes d'organisation politique. In: ———. *Oeuvres Complètes.* Paris: Marcel Rivière, 1927b. (Librairie des Sciences Politiques et Sociales)

———. La guerre et la paix. In: ———. *Oeuvres Complètes.* Paris: Marcel Rivière, 1927a. (Librairie des Sciences Politiques et Sociales)

———. Qu'est-ce que la propriété? In: ———. *Oeuvres Complètes.* Paris: Marcel Rivière, 1926. (Librairie des Sciences Politiques et Sociales) (Trad. portuguesa *O que é a propriedade?* Lisboa: Estampa, 1975.)

Os arquitetos da ordem anárquica

———. De la capacité politique des classes ouvrières. In: ———. *Oeuvres Complètes*. Paris: Marcel Rivière, 1924. (Librairie des Sciences Politiques et Sociales)

———. Système des contradictions économiques ou philosophie de la misère. t.II. In: ———. *Oeuvres Complètes*. Paris: Marcel Rivière, 1923b. (Librairie des Sciences Politiques et Sociales)

———. Système des contradictions économiques ou philosophie de la misère. t.I. In: ———. *Oeuvres Complètes*. Paris: Marcel Rivière, 1923a. (Librairie des Sciences Politiques et Sociales)

———. *Du principe fédératif et de la nécessité de reconstituer le parti de la révolution*. Paris: Bossard, 1921.

———. *Théorie du mouvement constitutionel au XIX siècle*: L'empire parlementaire e l'opposition légale. Paris: Librairie Internationale, 1870.

———. *La révolution sociale demontrée par le coup d'État du 2 décembre*. Paris: Garnier Frères, 1852.

———. Philosophie du Progrès. In: ———. *A nova sociedade*. Porto: Edições Rés, s.d. [Coletânea de textos selecionados.]

RAGO, M. *Do cabaré ao lar*. São Paulo: Paz e Terra, 1985.

RIHS, C. *Les philosophes utopistes*. Paris: Marcel Rivière et Cie, 1970.

ROMANO, R. *O caldeirão de Medeia*. São Paulo: Perspectiva, 2001.

———. A tirania do olhar. In: MARQUES, J. C. & LAHUERTA, M. (Orgs.). *O pensamento em crise e as artimanhas do poder*. São Paulo: Fundunesp, 1988.

———. *Corpo e cristal:* Marx romântico. Rio de Janeiro: Guanabara, 1982.

———. A filosofia marxista e a questão educacional. In: FISCHMANN, R. *Escola brasileira*. São Paulo: Atlas, 1973.

ROUANET, S. P. *As razões do Iluminismo*. São Paulo: Companhia das Letras, 1987.

ROUSSEAU. J. J. *Do contrato social*. Discurso sobre a origem da desigualdade entre os homens. Lisboa: Portugália Editora, 1968.

———. Considérations sur le gouvernement de la Pologne. In: ———. *Oeuvres Complètes de Jean-Jacques Rousseau*. v.III. Paris: Gallimard, 1964i. (Trad. bras. *Considerações sobre o governo da Polônia e sua reforma projetada*. São Paulo: Brasiliense, 1982.)

———. Émile ou de l'éducation. In: ———. *Oeuvres Complètes de Jean-Jacques Rousseau*. Paris: Gallimard, 1969. v.IV. (Trad. bras. *Emílio, ou da Educação*. Rio de Janeiro: Bertrand Brasil, 1992.)

———. Discours sur l'économie politique. In: ———. *Oeuvres Complètes de Jean-Jacques Rousseau*. Paris: Gallimard, 1964h.

223

_____. Fragments politiques. In: _____. Oeuvres Complètes de Jean-Jacques Rousseau. Paris: Gallimard, 1964g. v.III.
_____. Discours sur les sciences et les arts. In: _____. Oeuvres Complètes de Jean-Jacques Rousseau. Paris: Gallimard, 1964f. v.III. (Trad. bras. Discurso sobre as ciências e as artes. In: *Os Pensadores: Rousseau*. São Paulo: Abril, 1973.)
_____. Discours sur l'origine et les fondements de inégalité parmi les hommes. In: _____. Oeuvres Complètes de Jean-Jacques Rousseau. Paris: Gallimard, 1964e. v.III.
_____. Du contrat social ou essai sur la forme de la République. In: _____. Oeuvres Complètes de Jean-Jacques Rousseau, Paris: Gallimard, 1964d. v.III.
_____. Écrits sur l'abbé de Saint-Pierre. In: _____. Oeuvres Complètes de Jean-Jacques Rousseau. Paris: Gallimard, 1964c. v.III.
_____. Projet de constituition pour la Corse. In: _____. Oeuvres Complètes de Jean-Jacques Rousseau. Paris: Gallimard, 1964b.
_____. Du contrat social ou principes du droit politique. In: *Oeuvres Complètes de Jean-Jacques Rousseau*. Paris: Gallimard, 1964a. v.III.
_____. Correspondance Générale. Tome sixième, Paris: Armand Colin, 1926.
_____. Jean-Jacques Rousseau: Citoyen de Génèbre a M. D'Alembert. In: *Oeuvres de Jean-Jacques Rousseau*. Paris: Lefèvre, 1820. (Trad. bras. *Carta a D'Alembert*. Campinas: Editora da Unicamp, 1993)
_____. Essai sur l'origine des langues. In: *Oeuvres de J.-J. Rousseau*. Lefèvre: Paris, 1819. (Trad. bras. ROUSSEAU, J.-J. *Ensaio sobre a origem das línguas*. Campinas: Editora da Unicamp, 2003.)
SAINTE-BEUVE, C. A. *P. J. Proudhon:* sa vie et sa correspondance (1838-1848). Paris: Alfred Costes, 1947.
SAINT-SIMON, C.-H. de. *Le nouveau christianisme et les écrits sur la religion*. Paris: Éditions du Seuil, 1969.
_____. De la physiologie des instituitions sociales. In: _____. Oeuvres de Claude-Henri de Saint Simon. t.V. Paris: Antropos, 1966c.
_____. Du système industriel. In: _____. Oeuvres de Claude-Henri de Saint Simon. t.V. Paris: Antropos, 1966b.
_____. L'artiste, le savant e l'industriel. In: _____. Oeuvres de Claude-Henri de Saint Simon. t.I. Paris: Antropos, 1966a.
SCHLANGER, J. E. *Les metáphores de l'organisme*. Paris: J. Vrin, 1971.
SCIACCA, E. L'attualitá di Proudhon. In: *Anarchici e anarchia nel mondo contemporaneo*. Torino: Einaudi, 1971.

SENNET, R. *O declínio do homem público*. São Paulo: Companhia das Letras, 1988.

SETTEMBRINI, D. Guerra, Rivoluzione, Dittatura. In: *Il labirinto rivoluzionario*. Milano: Rizzoli, 1979. v.I. Parte seconda.

SOREL, G. *Matériaux d'une théorie du prolétariat*. Col. Ressources, Genève/Paris/Suisse: Slatkine, 1981.

_____. Da Proudhon a Lenin. In: *Politica e Storia*. n. 31, Roma: Edizioni di Storia e Letteratura, 1973.

_____. Quelques mots sur Proudhon. In: *Cahiers de la Quinzaine*. Paris, 1901.

SOUZA, M. G. O estranho testamento de um vigário de província: Meslier. In: *Transformação*, n.8, Marília/SP: UNESP, 1983.

STAROBINSKI, J. *Le remède dans le mal*. Paris: Gallimard, 1991. (Trad. bras. O remédio no mal: o pensamento de Rousseau. In: *As máscaras da civilização*. São Paulo: Companhia das Letras, 2001.)

_____. *Jean-Jacques Rousseau*: La transparence et l'obstacle. Paris: Gallimard, 1981. (Trad. bras. *Jean-Jacques Rousseau*: a transparência e o obstáculo. São Paulo: Companhia das Letras, 2000.)

TAWNEY, R. H. *A religião e o surgimento do capitalismo*. São Paulo: Perspectiva, 1971.

TODOROV, Tzvetain. *Le jardin imparfait*. Paris: Bernard Grasset, 1998.

TOMASI, T. *Ideologie libertarie e formazione umana*. Firenze: La Nuova Italia, 1973.

TRAGTENBERG, M. Introdução. In: *Deus e Estado*. São Paulo: Cortez, 1988.

_____. Marx/Bakunin. In: *Nova Escrita Ensaio*. Ano V, n.11/12, 1983.

_____. (Org.). *Marxismo heterodoxo*. São Paulo: Brasiliense, 1981.

ULHÔA, J. P. de. *Rousseau e a utopia da soberania popular*. Goiânia: Editora da UFG, 1996.

ULMANN, W. *Historia del pensamiento político en la Idad Media*. Barcelona: Ariel, 1983.

VENTURI, F. *Il populismo russo*. Torino: Piccola Biblioteca Einaudi, 1977. v.I.

WEFFORT, F. C. *Por que democracia?* São Paulo: Brasiliense, 1985.

WOODCOCK, G. *Os grandes escritos anarquistas* (Introdução e Seleção). Porto Alegre: L&PM, 1986.

_____. *L'anarchia*: Storia delle idee e dei movimenti libertari. Milano: Feltrinelli, 1980.

ZOCCOLI, E. *L'anarchia*. Milano: Fratelli. Bocca, Ristampa integrale dell'edizione del 1907, Santa Sofia di Romagna.

Índice onomástico

Abensour, M., 102, 103
Ackermann, 171
Ansart, P., 17, 127, 128, 146, 147
Araújo, P. E. M., 204
Babeuf, F., 77, 79, 86, 87
Baczko, B., 28, 32, 36, 37, 38, 39, 61, 73, 74, 75, 76, 89, 95, 97, 119
Bakunin, M., 17, 18, 19, 93, 101, 127, 173-205, 212, 214
Berlin, I., 192
Bernardi, W. 32, 33
Berth, E., 118, 146, 153, 203
Bonaparte, L. (imperador Napoleão III), 161, 164
Bruni, J. C., 24
Cabet, É., 86, 176
Cassirer, E., 35, 36, 38, 46
Catão 32, 153
Chinard, G., 79, 80
Comte, A., 131, 159, 160, 177, 182
Condillac, É. B. de, 94
Considerant, V., 105

Cumberland, R., 32, 80
D'Alembert, J. B., 88
Derathé, R., 41
Diderot, D., 43, 74, 79, 80, 86, 88, 94
Deschamps, L. M. Dom, 16, 73-78, 87-97, 126, 163
Dommanget, M., 180
Dressen, W., 198
Durruti, B., 19
Ehrard, J., 76
Engels, F., 79, 108, 110, 126, 152
Enzensberger, H. M., 20
Ferrer, S. G., 180
Fetscher, I., 61, 62
Feuerbach, L., 161
Forrester, V., 23
Fortes, L. R. S., 39, 57, 58
Fourier, C., 16, 100, 105, 128, 130, 176
Franco, M. S. C., 30
Geldof, B., 26

Godwin, W., 101
Gorz, A., 23
Grave, J., 19
Guérin, D. 218
Guillaume, J., 174
Gurvitch, G., 127, 139, 140, 141, 142
Hardman, F. F. 191
Haubtmann, P. P. J., 129, 131, 132, 143, 158, 160
Hegel, G. W. T., 38, 88, 111, 159, 173
Helvetius, C. A., 33, 34, 79, 88, 94
Herzen, A., 173, 182, 191, 192
Hobbes, T., 41, 45
Hobsbawm, E., 22, 23, 25, 27, 100, 197
Hutcheson, F., 32
Kant, I., 36
Kropotkin, P., 19, 33, 101, 179
Lebrun, G., 30, 37, 38, 61
Lefèvre, W., 218
Leroy, M., 100, 103, 143
Leval, G., 184, 193Lichtheim, G., 103, 105, 143
Licurgo 65
Locke, J., 29, 30, 31, 32, 36, 38
Luxemburg, R., 15, 21, 142
Mably, G. B. abade de, 16, 75
Makhno, N.19
Marcuse, H., 94
Marx, Karl, 15, 19, 21, 79, 107, 108, 109, 110, 111, 118, 126, 127, 131, 140, 141, 148, 152, 154, 173, 174, 175, 179, 193, 196, 212
Mazzini, G., 181, 196
Meslier, J., 75, 76, 77
Metelli, C. L., 61
Moisés 65
Montesquieu, C. L. de Secondat, 33, 74
Moraes, R. C. C., 24
Morelly, W. 16, 32, 33, 73-87, 101, 107, 113, 119, 126, 167

Moro, A., 22
Motta, F., 127, 128
Nascimento, M. M. do, 54
Necaev, S., 196, 197, 198
Nettlau, M., 174
Nicolau, czar, 188
Numa, 65
Ogareff, N., 191
Pastori, P., 141, 142, 147
Pinochet, A., 21
Proudhon, P.-J., 17, 18, 19, 77, 79, 87, 99-137, 139-72, 173, 174, 175, 176, 177, 178, 179, 180, 182, 194, 201, 202, 204, 209, 212
Pufendorf, S. de, 41
Reclus, E., 205
Richard, A., 193
Rittinghausen, M., 119, 120, 121
Robespierre, M., 27
Robin, P., 180
Romano, R., 34, 35, 94
Rousseau, J. J., 16, 27-71, 75, 77, 86, 88, 93, 94, 95, 96, 103, 104, 111, 112, 118, 119, 120, 121, 122, 126, 153, 161, 163, 170, 171, 201, 209, 211, 212
Saint-Just, L. A. L de, 27
Saint-Simon, C. H. de, 16, 100, 101, 102, 103, 104, 105, 122, 123, 126, 128, 130, 176
Sainte-Beuve, C. A. P. J., 111, 112
Schlanger, J. E., 40, 41
Settembrini, D., 204
Shaftesbury, A. A. C. de, 32, 80
Sorel, G., 16, 170, 203
Starobinski, J., 36, 46, 49, 50, 51, 69
Tomasi, T., 180
Trotsky, L., 21, 140
Vaughan, C. E. 41
Venturi, F., 89, 93, 188, 192
Voltaire, M. A., 27, 74, 76, 94
Woodcock, G., 101, 178, 1879, 188

228

SOBRE O LIVRO

Formato: 14 x 21 cm
Mancha: 27,5 x 49 paicas
Tipologia: Iowan Old Style 10/14
Papel: Offset 75 g/m² (miolo)
Cartão Supremo 250 g/m² (capa)
1ª edição: 2006

EQUIPE DE REALIZAÇÃO

Produção Gráfica
Anderson Nobara

Edição de Texto
Regina Machado (Revisão)
Kalima Editores (Atualização ortográfica)

Editoração Eletrônica
Estúdio Bogari (Diagramação)

Impressão e acabamento